专题文明史译丛

Themes in World History

丛书主编：苏智良　陈　恒

世界历史上的前近代旅行

〔美〕斯蒂芬·S. 戈斯（Stephen S.Gosch）
〔美〕彼得·N. 斯特恩斯（Peter N. Stearns）　著

苏圣捷　译

商务印书馆
The Commercial Press
SINCE1897

Premodern Travel in World History

Stephen S. Gosch and Peter N. Stearns

上海市内涵建设文科师范一流学科项目

上海高校一流学科（B类）建设计划上海师范大学世界史规划项目

教育部人文社科重点研究基地都市文化研究中心规划项目

译丛序言

人类文明史既有宏大叙事,也充满了生动细节;既见证着民族国家的兴盛与衰败,也反映了英雄个人的梦想和血泪。事实上,真正决定文明发展的基本要素,是那些恒常存在的日常生活方式、社会习俗和文化心理等,它波澜不惊却暗流涌动,彼此关联而又催生变化,并裹挟一切外部因素,使之转变成自身发展和变化的动力。因此,那些关乎全球文明发展和彼此共生性因素,无一不成为研究的对象,无一不成为大众阅读的焦点。生态、交往、和平、安全、人口、疾病、食品、能源、犯罪等问题,凡此种种,既是不同信仰、不同制度和不同文化的文明发展需要直面的,又是它们之间彼此交流、进行合作乃至相互促进的基础。在这种文明史的叙述中,阶段性的政治内容相对淡化,长时段文明形态发展的基础——文化和社会生活得以凸显。文明史的目的是介绍、传播人类文明、文化知识与价值观念,更重要的是读者可以通过文明史的阅读明了人类尊严获得的历史,从而塑造自己的生活理念。

在全球化的当下,中国在世界上的地位不断提高,与世界各国往来日益密切,这一方面需要我们阅读文明史以更真实、更全面、更深入地了解域外历史文化、价值观念;另一方面,文明史也可以培育人们更加开阔的思维、更加完善的人格。多读文明史,不仅能让人们认识到文明的多样性、复杂性,使人们能以兼容并包的思维看待世界和人生,而且可以从历史发展的多变中汲取有益的智慧,训练理性思考的能力。

在文化多元交融的全球化时代,了解、掌握人类文明知识和理念是当代国人应该补上的一课。因此,学术研究不能仅仅局限于象牙塔,虽然这很重要,但更重要的是要让这些知识形态转变为普通民众也能接受的大众文化。况且,普及大众文化,才能不断出现更多的人才参与研究工作,文化也才能不断推陈出新,才能不断出现更丰富的精英文化。这是一个相互依存,循环发展的过程,缺一不可。

主编过“中国历史小丛书”、“外国历史小丛书”的历史学家吴晗先生曾说,“小册子并不比大部头好写”,可见从写作角度来看,浅显易懂的著述并不比那些高头讲章好写。大众阅读是要用较少的时间又能快速获得相关知识,因此叙述不但简明,更要生动,要有历史细节,有重大事件和重要人物的故事点,可见这样的书并不好处理。

第一,大众作品的通俗读物虽然结构简单,但要真正做到“大事不能漏,小事不能错”,达到“悦”读的境界,并不容易。没有受过专业训练,没有宏观视野,没有承上启下的问题意识是难以做到合理选择题材,善于取舍材料,有的放矢的。

第二,真正受大众欢迎的作品必定是能反映当下社会现实的作品,能在读者心目中引起共鸣。纵观古今中外,凡是历史上畅销的、能流传下来的作品,哪部不是切合时代的需求的?从希罗多德的《历史》、司马迁的《史记》,到汤因比的《历史研究》、柯林伍德的《历史的观念》,哪部不是适应时代潮流产生的?再看看目前市面上流行的易中天、钱文忠、于丹的作品,虽然批评的声音不绝于耳,至少让很多民众在一定程度上认知了历史与文化。

第三,历史学家笔下的作品是要从史料中发现故事,而非小说家、历史小说家笔下的故事。这就需要作者有很好的职业训练,不但对史料了如指掌,而且要善于从新的角度去编排、去解释、去阐发。当然历史学家在写作过程中也要发挥想象,但这种想象是以材料为基础,而非小说家的以生活为基础的想象。美国学者海登·怀特认为历史编纂是诗化性质的,历史学与自然科学是根本不同的,因此就其基本特征而言,史学不是科学而是艺术创作,所以叙事对史学来说是必不可少的。问题在于我们在公众“悦”读方面如何叙事。

第四,相对来说,“悦”读作品讲究的是艺术性、启蒙性、可读性,而非学术著作侧重的学术性、知识性、思想性。历史学家讲究的是“句句有出处,字字有来历”,因此学术性与可读性之间的矛盾是永远存在的,避免不了的,讲究可读性难免让学术含量下降,侧重学术性难免会失去趣味性。但这种矛盾并不是不可调和的,只要用心,不断探索,是能做到深入浅出的。大家写小书的时代真的逝去了吗?前辈著名学者如王力、朱光潜、竺可桢等,都撰写了很多脍炙人口的小书,这是那个时代的要求与需要。

第五,“悦”读作品选题不能墨守成规,要能反映学术界的研究方向、趋势与趣味。20世纪史学最突出的成就是新史学的发达。在新文化史家看来,“文化”并不是一种被动的因素,文化既不是社会或经济的产物,也不是脱离社会诸因素独立发展的,文化与社会、经济、政治等因素之间的关系是互动的;个人是历史的主体,而非客体,他们至少在日常生活或长时段里影响历史的发展;研究历史的角度发生了变化,新文化史家不追求“大历史”(自上而下看历史)的抱负,而是注重“小历史”(自下而上看历史)的意义,即历史研究从社会角度的文化史学转向文化角度的社会史学。牛津大学出版社与劳特利奇出版社在这方面做得比较好,出版过不少好书。如前者出版的“牛津通识”系列,就是比较典型的大家小书,无论是选题还是作者的遴选都堪称一流;后者的选题意识尤为突出,出版了诸如《世界历史上的食物》、《世界历史上的疾病》、《世界历史上的移民》、《世界历史上的消费》、《世界历史上的全球化》等让人叫好的作品,诚如该丛书主编所说:“本丛书专注于在世界历史背景下考察一系列人类历程和制度,其目的就是严肃认真(即便很简单)地讨论一些重要议题,以作为教科书和文献集的补充。相比教科书,这类书籍可使学生更深入地探索到人类历史的某一特殊层面,并在此过程中使他们对历史学家的分析方式及其对一些问题的讨论有更全面的认识。每一议题都是按时间顺序被论述的,这就使关于变化和延续性的讨论成为可能。每个议题也都是在一系列不同的社会和地区范围内被评估的,这也使相关的异同比较成为可能”。可见文明史因其能唤起大众的“悦”读兴趣而在世界各地有着广泛的市场。

不过当下公众“悦”读中存在冷热不均的现象。中国历史热,世界历史冷。从火爆的“百家讲坛”,到各类“戏说”历史的电视剧,无论是贺岁大片,还是各种图书排行,雄踞榜首的基本是中国历史题材作品。有关域外历史题材的很少,一方面说明我们对域外理解得不够多,另一方面说明我们潜意识里存在中国中心主义,什么都以中国为中心。

高手在民间,公众“悦”读作品也不例外。当下流行的畅销作品的作者基本属于所谓民间写手、草根写手,这些作者难免从“戏说”的角度出发,传播一些非历史的知识文化,值得我们警惕。学者应积极担当,做大家小书的事,这是必需,更是责任。

投资大师罗杰斯给女儿的十二条箴言,其中第六条就是“学习历史”。可见阅读历史获得的不仅仅是知识文化、经验教训,更重要的是让民众明白:人类历史实际上是一部人类尊严获得史。一书一世界,书中自有每位读者的世界。

本丛书为上海市地方本科院校“十二五”内涵建设文科师范一流学科项目,是上海高校一流学科(B类)建设计划上海师范大学世界史规划项目的成果,教育部人文社科重点研究基地都市文化研究中心规划项目。

编者

2013年1月

前 言

本书是数十年前在罗格斯大学开始的一次合作的成果。当时我们其中一人正在指导另外一人的博士论文。那时我们主要着眼于欧洲历史。但是世界和我们在之后都有所改变。结果我们都各自踏上了世界历史研究领域中不同的道路,一人成为了教科书以及更为专门的著作的主要作者,另一人则专注于教学。

本书结合了研究人类过去的两种路径。我们中的一个人倾向于“空降”法(这里借用了一位杰出的法国学者的想象),概要地叙述整体情况的显著特点。而另一位则更像是“挖松露”,埋头于个体旅行家的传记之中。我们在把这两种路径结合起来这件事上有多成功?这种结合法在何种程度上引领着我们对于在前近代世界中旅行的意义的新理解?这都将交由读者自己判断。

不少人都在完成本书的漫漫征程上给予了帮助。我们感谢凯文·雷利、威尔马·卡拉克、罗伯特·高尔、爱德华·弗列德曼、彼得·柏度、英高夫·沃勒格、詹姆斯·奥伯雷、马修·沃特斯和查得·安德森,他们阅读了各章节早先的文本,并提出了宝贵的建议。劳特利奇出版社的维多利亚·彼得斯是一名最富有耐心、善解人意的编辑;埃玛·郎利和杰森·米切尔是彬彬有礼和办事高效这两种美德的楷模。我们也感谢威斯康星大学欧克莱尔分校的历史学系、美术与科学学院、国际教育中心和大学科研处提供了旅行所需的必要资助和机遇。我们非常感谢维多利亚·福勒切,以及在乔治梅森大学处的数位同事。

最后特别感谢艾琳·卡拉穆尔——他是现在最勤奋、最友善的旅行家之一——阅读、批评、鼓励、在他们的协助下几易其稿,最终完成本书。

目 录

第一章

导 言

为何要旅行

世界史教师非常喜欢伊本·白图泰。这位北非旅行家在他一生中的 1
行程超过 75 000 英里[①]他徒步、骑驴、坐船，访问了三块大陆和许多小岛，而且以敏锐的视角和大量的价值判断撰写了厚厚的游记。他告诉我们大量有关他那个时代——14 世纪——的社会的有关情况，而他的四处旅行更指明了地区间交流的背景，包括各种可能的运输手段。但是除了他的游记之外，还有最重要的东西：他的动机——为什么有人会在这种不理想的条件下长途跋涉——不禁让人猜测，到底是什么促使这样不平凡的人有如此强烈的好奇心。他旅行的影响也很重要：他和其他像他一样的人的旅行，促进了其他各种联系。在某个特定的时段，世界历史从一个主要是各个相互隔离的地区的故事，变成了地区间互相影响的分析。

* * *

本书的主角就是人类历史上一些最伟大的旅行家。他们走过的路程通常都有上千英里，抵达他们所知甚少或是闻所未闻的地方。那个时候还没有方便的机械运输工具或是酒店预订服务。这本书也谈到了近代之前

① 大约 120 700 公里。——译者注

的、默默无闻的人物。他们虽然行万里路，却没有留下相应的记载。他们的远征也带来了改变。

旅行，尤其是穿越文化或是政治边疆的旅行，总是令人激动。这些前近代伟大的旅行家的故事充满了冒险传奇。但是除了这些搅动人心的东西之外，旅行还有别的意义。旅行也揭示了社会的方方面面。它不仅牵涉运输系统，还有政治组织结构和贸易方式，甚至宗教信仰。旅行者本身的
2 动机就是他们所处时代的一面镜子。还有更为直接的，旅行者的游记有时就是我们了解过去某个社会，比如在中亚广阔地域中生活的游牧民族的唯一途径。

旅行也会带来后果。通过游记或者仅仅是发现新道路本身，有些过去的伟大旅行影响了政治和外交政策。有些帮助引领新的贸易联系，或是宗教传播的路径。旅行是形成世界历史的动力之一，它把新的联系带给世界各地的不同民族。

当然，我们不可能在书中涵盖所有从上古到公元1500年的长途旅行。许多旅行家也没有留下任何的直接记载，虽然我们有时能掌握这些佚名的富有冒险精神的商人和传教士的间接留存，让我们对他们有所了解。在某个特例中，就像我们将会在第八章中所看到的，我们甚至不能确定这个人，最著名的旅行家之一，到底是不是抵达了他宣称他去过的地方。但是相较许多其他的人类活动，我们所拥有的关于旅行的记录较为充足，尤其是在过去的几个世纪中旅行还不怎么常见。所以我们的确能够掌握某些令人惊异的个体故事。我们也可以看到旅行是如何提供过去许多政治和文化方面的信息。而且我们可以了解某些伟大旅行家给我们的世界带来的巨大变化。

我们还能了解旅行是如何变迁的。新的运输手段、更为有效的政治系统、新的宗教动机都影响着旅行。旅行本身也带来变化，一段旅途的信息会刺激其他人踏上他们自己的冒险征程。旅行和它所带来的知识，帮助阐释了为何在1400年左右，各个社会中都有比之前数量更多的人出发进行野心勃勃的探险。

旅行有一些独特的人类性特征。许多动物都会长途旅行。有些出于

遗传，进行季节迁徙，或是回到出生地产卵。人类的基因没有内定具体的旅行路线，他们必须要进行探索。但是物种能够适应各种环境，这是旅行的一个重要前提。旅行的动机可以是经济上的需求，而在某些情况下，动机也可以仅仅是好奇心。

狩猎和采集是最初的人类经济活动。为了寻找猎物，激发了在某些区域内的旅行。在这种个人需要大量的空间来保证充足食物的经济模式下，即使是小规模的人口增长也会逼迫人类在更长的距离内进行迁徙。我们都属于智人这种最晚近出现的人种。而智人就因为这种原因离开他们起源地的东非，进行迁徙。这些迁徙让这个物种到公元前25000年时，已经遍布了整个世界。迁徙这个模式在之后一直存续，把游牧民族从中亚带到印度、地中海和欧洲，或是让西非班图人抵达东非和南非。 3

尽管迁徙行为显示，人是旅行的动物，而且旅行是他们的重要的活力源泉，本书主要还是着眼于另一种不同的、个体性更强的旅行。人们有时会离开一个地方，长途跋涉，但是他们在出发时就想着要回来（一般都能做到）。这种旅行把遥远地方的信息带回故乡，能够激起人们的想象。这种旅行通常还与贸易密切相关。

在近代之前，大多数这类旅行——出发，但是还要回来——都发生在农业社会。在农业社会中，人们事实上并不是到处旅行。与狩猎和采集形成鲜明对照，农业鼓励大多数人定居在一个场所。土地适于耕种，人们还建造灌溉系统和其他辅助设施。一些狩猎或是短距离贸易还是必要的，但是许多农民都非常看重地理上的稳定——过他们自己的生活，害怕陌生人。但是即使是农业社会中的人也认识到，他们与更遥远的地方有联系，购买异域的物品这件事是有益的。而且农业社会也会产生一些人，无论他们的私人原因为何，不能接受被局限于某地的事实。他们出发，看看能在异域找到些什么。许多农业社会也与游牧民族或其他定期来访的民族有互动。这也与个体旅行的方式有关系。

许多伟大的旅行家——起码是那些我们知道的——都是男人。女性明显也参与了迁徙活动。但是农业社会鼓励男女之间的明确分工，女性通常都被认为应该待在家里或者附近，最远也只能前往地区的集市。我们会找到一些例外，特别是宗教朝圣；而且当然性别歧视会对记载造成影响。但是毫无疑问，对于一些特定的群体来说，旅行可望而不可即。

这时社会中的大部分人的视野都被一小群村庄所局限。而在各个社会间旅行的少数人——基本上都是男性——会给周围的人带来很大的影响，因为他们的行为非同寻常。他们的行为也需要一种特殊的解释，为何他们会去做大多数人压根就没有去尝试的事情？这本关于在旅行成为常态之前的旅行的书，就捕捉住了这些特殊的行为和其带来的影响。

旅行家有多可信？

这本书非常依赖于描述他们在路途上的所见所闻，以及（有时候）如何从一地移动到另外一地的旅行家的作品。但是这些前近代的旅行家可
4 信吗？他们的叙述对于现代学者来说能不能算是可信的资料？斯特拉波，一位公元 1 世纪的希腊旅行家曾经写道，“任何讲述自己旅行故事的人都是吹牛皮的”。我们会在本书中看到，尽管不是每份都有，但是前近代游记中时常出现关于在陆路上或是海洋上的冒险的吹嘘。然而，现代读者有责任保持一种健康的怀疑主义心态，小心分辨游记中的各种有时候甚至是互相矛盾的部分。并且还要小心使用其他资料中的证据以矫正旅行者的吹嘘。这样，研究者就能鉴别出大部分的历史事实。这种方法对解决第二个前近代游记中常见的问题，也就是旅行者过度夸大异域风情，自己杜撰许多关于他们拜访的人和地方的传说，也大有用武之地。

前近代旅行者不仅常常吹嘘他们的经验，还把有些他们在路上遇到的人描绘得非常怪异，成为完全不同而且常常是劣等的“他者”。所有学生都应该注意到，1500 年之前的旅行记录常常花费大量篇幅创造出一种对照，即“正常”的“我们”和“诡异”的“他们”。本书中提到的某些旅行者甚至用怪兽幻想为他们的故事添油加醋。这些怪兽都居住在他们从未到过的地球外缘。

前近代旅行者叙述中的、吹嘘的、“他者”和关于奇异生物和怪兽的幻想导致某些研究者认为，这些材料对于历史学家没有任何真正的价值。有

些学者——主要是在文学研究领域——争论说，在理解了旅行者的信念和在他故乡的听众的期望之后，前近代叙述还是有用的。最近一本关于希罗多德的非常有趣的书的作者弗朗科斯・哈托格就这样认为（关于完整的引句，参见章后延伸阅读）。更进一步的，一个有影响的学者团体——都是研究 1800 年之后西方作者写作的游记的专家——正确地指出许多近代美洲和欧洲旅行家部分也是为了论证“我们”对于“他们”统治的正当性，来阐释他们的旅行经验的。

无论是前近代还是近代的游记评论家，都在提醒人们注意确实出现于这类著作中的严重缺陷，这个问题上贡献良多。但是许多历史学家引用的文献材料，尤其当他的研究是关于 1500 年之前的历史时，都存在明显的、或多或少的问题——不仅仅是游记。在某种程度上，正是这些有问题的材料，让历史学的研究变得有趣，甚至好玩。我们如何知道过去人类生活的方方面面？我们如何矫正旅行者，或是其他人写的作品的偏见或是有疑问的观点？历史学家在他们的职业生涯中每天都面对着这些问题。而我们的答案并非非常复杂：我们仔细地研读材料，并把它和其他数据做
比较。而我们的成果，常常只是相对地令人满意，而不是简单地给出“对” 5
或是“错”。而且我们的结论几乎总是只在一定条件下成立，它会随着新的证据、新的研究方法和新的看待史料的视角而改变。

世界历史？

本书涵盖了许多历史和地理学的知识，但是就像上文所提到的，本书并不是一部 1 500 年之前旅行的全记录。由于可行性的原因，有些重要的地区，例如美洲和太平洋的岛国等都被省略了。近代学者，尤其是考古学家，肯定了在美洲和太平洋主要岛链之间有着长距离旅行。但是这两个区域可以依靠的史料——比起非洲－欧亚大陆——较少。尽管随着查尔斯・曼尼、本・芬尼和其他人的书籍的出版（更多书籍请参见延伸阅读），这个情况正在改变。关于印度和东南亚的旅行情况相似。这两个区域出现了大量勤勉的旅行家，但是文字记载较少。虽然存在着上述的省略，本

书依然想要对世界历史做些贡献。本书的关注点在前近代非洲－欧亚大陆主要区域之间的旅行上。在 1500 年之前，可能 80% 的人类都生活在这些区域。作者希望通过这个举动为现在广泛讨论的、全球化的起源和本质这个问题做出实际的贡献。

延伸阅读

基本背景

Jerry H. Bentley, *Old World Encounters: Cross-Cultural Contacts and Exchanges in Pre-Modern Times*（New York: Oxford University Press, 1993）

Patrick Manning, *Migration in World History*（London and New York: Routledge, 2005）

J. R. McNeill and William H.McNeill, *The Human Web: A Bird's Eye View of World History*（New York: W. W. Norton, 2003）

Peter N. Stearns, *Cultures in Motion: Mapping Key Contacts and Their Imprints in World History*（New Haven, Conn.: Yale University Press, 2001）

商业与宗教旅行

Simon Coleman and John Elsner, *Pilgrimage: Past and Present in World Religions*（Cambridge, Mass., Harvard University Press, 1995）

Philip D. Curtin, *Cross-Cultural Trade in World History*（New York: Cambridge University Press, 1984）

6 旅行者及“其他”

O. R. Dathorne, *Asian Voyages: Two Thousand Years of Constructing the Other*（Westport, Conn.: Bergin & Garvey, 1996）

Francois Harbog, *The Mirror of Herodotus: The Representation of the Other in Historical Writing,* trans：Janet Lloyd（Berkeley, Cal.: University of

California Press, 1988）

Edward Said, *Orientalism*（New York: Vintage, 1979）

各个港口之间的历史地图与距离

J. B. Harley and David Woodward, eds, *History of Cartography,* Vols 1– 4（Chicago, Ill.: University of Chicago Press, 1987–92）

United States Government National Imaging and Mapping Agency, *Distances between Ports*, 11th ed.（Bethesda, Md.: United States Government National Imaging and Mapping Agency, 2001）

美洲和环太平洋地区

Ben Finney *et al., Voyage of Rediscovery: A Cultural Odyssey through Polynesia*（Berkeley, Cal.: University of California Press, 1994）

Charles Mann, *1491: New Revelations of the Americas before Columbus*（New York: Alfred A.Knopf. 2005）

原始资料

Tabish Khair, Martin Leer, Justin D.Edwards, and Hanna Ziadeh, eds, *Other Routes: 1500 Years of African and Asian Travel Writing*（Bloomington, Ind.: Indiana University Press, 2006）

Roger Schlesinger, Fritz Blackwell, Kathryn Meyer, and Mary Watrous-Schlesinger, eds. *Global Passages: Sources in World History,* vol. I（Boston, Mass.: Houghton Mifflin, 2004）

Sir Henry Yule and Henri Cordier, eds, *Cathay and the Way Thither*, rev. ed., 4 vols（London: Hakluyt Society, 1913–16）

第二章

从开始到公元前1000年

导 言

7 学界公认在公元前3000年左右，在中东和北非的某些区域，旅行的频率和距离都有明显的增长。该区域西起埃及的尼罗河，东至现在巴基斯坦境内的印度河流域。重要的旅行也从埃及开始，向南深入非洲。然而，在早期大河文明崛起之前的旅行样式，仍然不清楚。

旧石器时代晚期到新石器时代：公元前25000—前3500年

我们只能对最早的长途旅行进行猜测，因为它们发生在尚未有任何文字记录的时期。考古学证明，在旧石器时代的猎人－采集者之间存在着艺术风格的传播，以及一定程度的原始贸易网络。这对我们有一些帮助。

在许多公元前25000年左右的旧石器遗址中，出土了成熟女性的小雕像，现被称为维纳斯塑像。发现雕像的地点，分布在从西欧到西伯利亚的广大区域内。尽管这些小雕像在许多方面都有差别，但是它们依然有足够的共同特征，暗示了一种普遍的艺术风格。当时不太可能有单个或是结群的旅行者，把这种雕像的基本设计从西伯利亚带到西欧（或是相反）。

这种艺术品的范式是如何传播得如此之广的呢?

大多数旧石器时代的猎人一采集者居住在小型的、广泛分布并不断迁移的营地形成的团体中。他们的行动受到季节变换以及野生动物、鸟类和鱼类迁徙模式的影响,他们依靠捕食这些动物为生。但是这样的社会并 8
不完全隔绝孤立。他们有两种方式与其他的团体相联系。直接的方式是参加定期的大聚会(举例来说,北美印第安人的帕瓦聚会①),而间接的方式则是参与线线(down-the-line)交易活动。

分散于各处营地中的猎人一采集者时常会在类似的聚会上加深他们的友谊。他们宴饮、跳舞,安排通婚,交换有关动植物的信息。在这种聚会的背景下,发生了许多小对象(贝壳、抛光的琥珀、经过雕刻的木头或石头等等)的交换行为,这种交易兼有送礼和贸易的性质。这是一种共同的艺术风格如何在广泛分散的猎人一采集者小团体中发展并传播的途径。

线线交易(down-the-line exchange)指的是一种间接地把各个团体联系起来的中继网络。关于这种系统最早的文献证据来自于公元前五世纪的希腊历史学家和旅行家希罗多德(我们将会在之后的章节中继续讨论他),在他所描述的这个网络中,从中亚到希腊提洛岛的各个团体都联系在一起:

> 他们说,包在麦草里面的供物都是从极北居民那里搬到斯奇提亚来的。当它们过了斯奇提亚之后,每一个民族便依次从他们的邻人那里取得它们,一直带到亚得里亚海,这是它们的行程的最西端。从那里又把它们向南传送,在希腊人当中第一个接受它们的是多铎那人。从多铎那人那里又下行到玛里阿科斯湾,更渡海到埃乌波亚。于是一个城邦便传到另一个城邦而一直到卡律司托斯;在这之后,跳过安多罗斯,因为卡律司托斯人把它们带到铁诺斯,而铁诺斯人又把它们带到狄罗斯②。

在这个章节中,希罗多德描述了可能是数千年之前的交易系统。正

---

① 帕瓦聚会(powwow)是美洲土著印第安人的一种聚会形式。这个词在过去可以用来指称美洲土著部落的任何聚会。现代帕瓦聚会专指美洲土著的舞蹈竞赛聚会。——译者注

② 此处译文摘自希罗多德著:《历史》,王以铸译,商务印书馆 1978 年版,第 155-156 页。

是这个交易系统，导致了旧石器时代猎人－采集者间维纳斯小雕像的广泛传播。在线线交易系统中，实物和信息的传播都比人走得更远。

* * *

我们可以通过两种相对珍贵的矿物结晶——黑曜石和青金石——将旧石器时代中东和爱琴海地区农夫间的早期交易网络描绘出来。分辨这
9 些矿物运输的路线是可能的，因为这两种矿物的产地相对比较局限。黑曜石是一种黑色或是深绿色的火山玻璃，它的价值在于制作包括刀片在内的锋利切割工具，以及装饰用品。黑曜石可以在安纳托利亚半岛和爱琴海上的米洛岛上的数个矿场开采。青金石是被用来制作珠子、首饰和装饰性器皿的矿物。位于现在阿富汗东北部和巴基斯坦南部的矿脉是其仅有的开采地。

从两处考古发掘遗迹处获取的证据描绘了远距离黑曜石和青金石贸易的轨迹。在测定为公元前 6000 年的希腊山地的考古现场，发掘出了来源于米洛斯岛的黑曜石碎片。这与其原产地相距了一百多英里。在现在的伊拉克北部底格里斯河上游工作的研究者在测定为公元前 3500 年的考古遗址中找到了数百个用青金石制作的珠子。伊拉克的遗址距离阿富汗和巴基斯坦的矿场则有一千多英里以上。

在遗址出土的黑曜石和青金石的地理分布，说明了在新石器时代就出现远距离的贸易。但是我们无法确定这些商品是如何运送的。希腊本土的航海者也会用树干、皮革和芦苇做成的船，通过跳岛航线驶过爱琴海抵达米洛斯岛（更早之前，在大约 60 000 年以前，第一个移居到新几内亚和澳大利亚的人就是使用未知的船只，从印度尼西亚群岛出发，穿过了 60 英里的开阔水域）。至于青金石，当时不太可能会有商人跨越万水千山，从阿富汗高地或是巴基斯坦旅行至底格里斯河河谷。更有可能的是线线交易系统把这些矿物带到了底格里斯地区。

大河文明：公元前3500—前2000年

在公元前 14 世纪的中叶，一系列至关重要的经济、政治、社会、文化

和科技上的变化，令底格里斯河和幼发拉底河下游的生活发生了巨变。这些变化导致了世界上第一个文明（我们也将它称为复杂社会）的建立，同时为长途旅行这一现象前所未有的繁荣创造了条件。不久之后类似的发展也出现在尼罗河谷（公元前 3100 年）和现在巴基斯坦境内的印度河谷（公元前 2900 年）。这三个河谷文明之间的联系和交换很快就发展起来，导致了在尼罗-印度河谷之间的一个巨大的、远距离互动走廊的建立。

数个世纪之后，尼罗－印度河谷东面的地带，第四个文明开始在中国北部的黄河流域出现。黄河流域的崛起与尼罗－印度河谷文明的崛起过
程相似，但是中国和西面区域的联系一直要到很久以后才会出现（关于中 10
国与西方之间旅行的发展，参见第五章和第九章）。

农业剩余产品数量增长巩固了底格里斯－幼发拉底河冲积平原上文明的发展。不久，伴随而来的就是远距离贸易。一系列的在干旱的夏季把底格里斯河和幼发拉底河的河水引入沟渠的、复杂的灌溉运河的建设，进一步促进了小麦和大麦的产出。结果，生活在这一地区的民族——苏美尔人，成为了世界历史上第一个大规模产出农业剩余产品的农业民族。大约有 10% 的苏美尔人可以从农业中解放出来，参与别的工作。这使得第一座真正的城市的建立成为了可能。

到公元前 3200 年，苏美尔城市开始成为一个不断扩展的远距离贸易的中心。这种贸易可能基于古已有之、并将继续存在下去的网络。早期苏美尔城市遗址的考古研究中发掘出了伊朗制造的石碗，用东安纳托利亚的托罗斯山脉产的白银制造的银器皿，以及一系列用阿富汗东北部出产的青金石制造的装饰物。这些奢侈品贸易所产生的税收更充实了农夫们的剩余产品。

持续的社会、政治、文化和宗教变化是苏美尔农业和商业发展的结果。农夫的剩余产品，以地租和税收的形式，被新形成的地主、宗教官员、军事领袖和政府执政官员等精英阶级征收。他们还使用青铜工艺品和从远方来的奢侈品标识他们的权力。阶级的分野日益明显。性别关系向父权制转变。原本松散的联系着的精神领袖们，蜕变成了井然有序的神职团

体。城邦，由使用新近发明的书写系统的官员管理，由职业军队支持，代替了旧有的更为混沌不清的政治组织。纪念性的建筑，例如城墙、堡垒、庙宇、仓库、宫殿和坟墓从外在物质标志上更巩固了已经出现的等级制度。

底格里斯一幼发拉底地区在公元前40世纪晚期出现了一些另外的发展。所有的新发明都与运输有关，结果加剧了长距离贸易的发展。在公元前3000年之前的某个时刻，苏美尔人发明了轮子，并成为第一个使用牛拉车的民族。这两项革新明显对未来的陆路旅行有巨大的推动作用。但是短期来看，轮子和车对长途旅行没有影响，因为它们都需要在相对平整的道路上使用，这种质量的道路直到很久之后才变得常见。

11 在短期内，对陆地交通尤其是商旅而言，更为重要的是驯化驴子作为驮兽。驴子是北非和西亚的原产动物，似乎在公元前4000年（或是更早的时候）被驯化。它们是吃苦耐劳，步伐稳健并容易驯养的动物，能够背负大量的重物沿着“路”走上很远。而这时的“路”仅仅是一些小道而已。何时何地驴子第一次进入商队已经难以探寻，但是考古学认为驴队在公元前3000年左右在底格里斯一幼发拉底河地区得到了广泛使用。

最后一项在公元前4000年代发生的运输革新是足够坚固、能够载着重型货物在公海上航行的最古老的帆船（能够载重型货物的河船很久之前就在世界各地出现）。到公元前3000年，以波斯湾和埃及作为基地的苏美尔航运家，在红海和东地中海上都非常活跃。

尼罗河—印度河谷地区的旅行：公元前3500—前2000年

在公元前3000年之前不久，底格里斯-幼发拉底河地区为经济和军事目的而进行的旅行频率大大增加。很快，相似的倾向在尼罗河谷和印度河流域出现。在尼罗河和印度河周边的地区，基于增加了的农业产出，以及扩展了的商业和运输上的革新的新的生活方式，创造了前所未有的旅行机遇。但是新的生活方式也创造了只有通过旅行才能满足的强烈需求。埃及、美索不达米亚和印度河谷的农夫能够生产他们所需要的所有食物和纤维，但是这三个地区都缺少木材和金属来源，例如制造青铜器所需的铜和锡。

青铜对于制造武器、礼器和许多其他种类的工具与日用品来说至关重要。木材则用于各种建筑与建造，包括造马车、手推车、平底船和海船。印度－尼罗河谷的精英阶层也寻求各种奢侈品。而这些奢侈品产于远方：青金石、香料、马等等。

* * *

自公元前3500年以降，印度－尼罗河谷地区进行更长距离旅行的趋势愈加明显，但是具体描述这个趋势则非常困难。直到公元前2000年左右我们才拥有重要的、关于旅行的文献资料。

长途旅行在公元前3000年代的重要性的证据之一来自于《吉尔伽美 12
什》。这是一部成书于公元前2000年左右的苏美尔史诗，但是其所根据的是更为古老的苏美尔口述故事传统。在史诗的一个关键章节中，吉尔伽美什（他事实上是乌鲁克城邦在公元前2700年左右的国王）与一位伙伴一起旅行前往黎巴嫩（或是东安纳托利亚）的雪松林，为营造宫殿寻找木材。在许多试验和冒险之后，吉尔伽美什和他的朋友砍倒了他们所需要的树木，把树木装上筏子，然后顺着幼发拉底河抵达乌鲁克。毫无疑问，吉尔伽美什前往雪松林这一传统的文学复述，是从没有乔木的苏美尔旅行前往黎巴嫩和安纳托利亚雨水丰富的高地，这场获取木材的旅行可能要跨越600—700英里的距离。

《吉尔伽美什》史诗读来激动人心。但是作为公元前3000年西南亚长途旅行的证据，更为重要的则是在过去150年间考古学家发掘的商业记载和手工艺品，如从阿卡德的萨尔贡王（公元前2300年左右）和数个世纪之后商业船只抵达位于现在也门、巴林的港口和印度河流域的美索不达米亚铭文。据这些文献记载，商船携带了各种各样的货物，包括铜、铁、木、象牙、珍珠、玛瑙（这是一种产于西印度的准宝石矿物，用于制造首饰）和黄金。

对位于美索不达米亚、巴林和也门的遗址进行的考古学研究，发现了许多可以追溯到印度河谷文明的手工艺品。这个事实进一步证明了铭文的记载。这些物品中最重要的是滑石制的石印章、石镇和彩色的玛瑙珠子。

特别有趣的是，在一些美索不达米亚的圆柱形印章上雕刻着水牛。水牛在印度河谷地区非常普遍，但是不见于美索不达米亚地区。在印度河谷地区没有找到这样的美索不达米亚制物品，但是印度河谷遗迹中发现的一些小人像，有着美索不达米亚地区雕刻风格。

大部分美索不达米亚和印度河谷地区之间的贸易都是间接贸易。两个地区出发的航运家在波斯湾港口，尤其是在巴林岛［苏美尔人把它称为迪尔木（Dilmun）］碰头。无数的小型印度河谷风格的手工艺品在巴林和也门附近的阿拉伯半岛海岸出土。巴林制造的印章在美索不达米亚和印度河谷地区都有出土，这进一步增加了该岛作为美索不达米亚和印度河
13 流域商品分配中心的可能性。通过伊朗，也有把美索不达米亚各个城邦和印度河地区联系在一起的陆路通道，其间分布了许多作为中介的绿洲和城镇。

有没有公元前3000年代的旅行家完成了从印度河谷到美索不达米亚的艰辛旅行（或是反过来）？无论旅行是从陆路还是从海路，这场旅行的行程一定超过了1 000英里。没有印度河谷遗迹的证据表明美索不达米亚人的存在（当然，对于印度河地区的进一步研究可能会得出不同的结论）。然而，在乌尔，一座主要的位于幼发拉底河的苏美尔城邦遗址的发掘，显示有些印度河谷的商人和手工艺人（做珠子的）可能在美索不达米亚建立了一些小区。一位印度河流域遗址研究方面的泰斗也提出了一个观点：公元前2500年左右，在乌尔为普阿比女王[①]（Queen Puabi）陪葬的十位侍女就是印度河谷来的女性，她们也许是作为外交协议的一部分赠送给普阿比女王的。对这些穿戴着印度河样式玛瑙珠串的女性所做的DNA分析，证明了这一观点。

早期商业旅行

在公元前2000年之后，从位于北部美索不达米亚底格里斯河上的亚

① 普阿比（Puabi）是在乌尔第一王朝（公元前2600年左右）乌尔城中的重要人物。——译者注

述首都亚述尔（Assur）出发的商人开始向科尼什（Kanesh）进行定期旅行。科尼什位于亚述尔西北方600英里，随后成为了繁荣的城邦和东安纳托利亚的商业集散中心。亚述商人使用通常由两百头左右的动物组成的驴队，来运送满载着锡、羊毛和亚麻布的布卷的箱子，前往安纳托利亚的商业中心。因为他们需要穿过的许多地方都是崎岖不平的高地，从亚述尔到科尼什的路程通常需要一个月。

科尼什城中有许多宫殿和庙宇，但是亚述尔商人的目的地是“卡罗姆”（karum），也就是商业区。在那里他们准备把货物换成金银。卡罗姆是城市中特别划出的区块，设置有商人需要的住宿旅馆、马厩、仓库和市场。许多来此的商人就像从亚述尔前来的商人一样，是遥远的其他城市的一员。

与科尼什官员谈妥的协议保证了商人们不受暴力的侵害，并提供他们有限的自治。作为交换，商人们向城市支付交易税。一条这样的协议被记录在了泥板上，而科尼什遗址出土了许多这样的泥板。该协议规定，纺织物按照每头驴子载货量的5%征税，而锡的税率则是4%。

在20世纪20年代，科尼什出土的数以千计的泥板非常重要，因为它们提供给我们大量的、关于这个延伸广泛的旅行网络，同时也是当时的零 14
售渠道的史料。这个网络繁荣了大约从公元前1950年到公元前1750年的两个世纪，并比任何之前的网络更为复杂。在我们转换话题之前，这个交易系统最需要强调的部分，是家族企业在其中的重要性。

在科尼什发掘的泥板显示，大部分在亚述尔－科尼什网络中活跃的企业是家族企业，其内部的组织结构，受到家庭成员年龄和性别的强烈影响。在某些泥板记录中提到了女性，但是仅仅是作为商人的妻子和母亲。长者，常常是企业的高级成员，监督位于亚述尔的本部。更为年轻的男性成员负责在科尼什的分支机构。最年轻的男性，通常就是那些能够对付路途艰辛的人，可能在两地之间同商队一起旅行。

泥板没有提到亚述尔－科尼什贸易网络中女性的重要性，但这件事实不应该误导我们。从尼罗河到底格里斯河，女性纺织工在家庭里工作，她们制造了几乎所有用于装饰和其他目的，包括贸易的服饰。因此非常可能也是女性制造了大部分从亚述尔销往科尼什的羊毛和亚麻制品。考虑到这种贸易的规模，这些女性制衣者可能不全是亚述尔商人家族的成员。可能她们居住在美索不达米亚的其他地方，而她们的成衣通过泥板没有提及的其他贸易路线抵达亚述尔。

没有囊括在亚述尔商人公司的女性，可能在用另外一种方式支持着科尼什的贸易，就是操持旅行者客栈。在汉谟拉比法典（公元前 1750 年左右）中，有关于由女性［她们在法典中被称为“麦酒女”（alewives）］开办的美索不达米亚客栈的规定。也许女性也在亚述尔和科尼什之间的通路上开办客栈。

哈尔库夫向南的旅程

在公元前 2300 年建造的位于尼罗河上游、现在阿斯旺附近的一座埃及古墓中，有一段铭文。这段铭文简要记录了一位名为哈尔库夫的官员进行的四次陆路旅行。铭文显示哈尔库夫作为两个在他生前进行统治的法老的使节而旅行。他的目的地难以确定，因为地名在过去的 4 000 年中屡次更改。但是铭文似乎表明，哈尔库夫的旅行是朝向西南方的，现在西苏丹的达尔富尔地区。这段旅程超过了 900 英里。

哈尔库夫是第一个我们知道名字的长途旅行家，他也是第一个留下了关于他的旅程的文献记录，或是游记叙述的人。

15 哈尔库夫坟墓中的铭文，为我们了解古王国时期（大约公元前 2700—前 2100 年）的埃及人的陆路旅行情况打开了一扇窗户。很明显到了公元前 2300 年，埃及统治者非常积极地促进前往撒哈拉以南非洲的官方旅行。其目的部分是为了外交，部分是为了商业。在哈尔库夫的第一次持续 7 个月的旅行中，他探索前往南方的路途，并且带回了一些礼物，可能是撒哈拉以南统治者向法老的贡品。他的第二次任务持续了 8 个月，并且带回了更多的礼物，并且“数量庞大”。他完成的第三次旅行，带回了 300 头满载熏香、乌木、谷物、象牙和各种“品质非常好的物品”的驴子，暗示着这次探险的目的是贸易。在他的最后一次旅行中，哈尔库夫为法老带回了一个“跳舞的矮人”（可能是个侏儒？）。据铭文记载，埃及之前在普特人（Punt）之地（可能是现在索马利亚和埃塞俄比亚）也曾经购买过一个相似的人。

结论：赫梯人、埃及人和腓尼基人，公元前2000—前1000年

在公元前2000年左右，两个明显的变革极大地改变了印度河－尼罗河走廊长途旅行的情况。首先，印度河谷文明在公元前1900年消亡。这个过程尚不清楚，但可能是受到环境恶化的影响。这阻隔了美索不达米亚和印度河地区之间的旅行，长达整整1500年。其次，安纳托利亚出现的半游牧民族和东地中海的航海者，在公元前2000年到公元前1000年间的1000年间，对美索不达米亚和埃及进行了反复的攻击。

尽管存在这些入侵，在埃及和美索不达米亚内部和之间的旅行依然持续着。尽管大多数情况下都是短距离旅行。事实上，侵略者，像赫梯人也越过大半个中东进入埃及本土。事实上，赫梯手工艺人分布很广，在公元前1200年赫梯帝国崩溃之后依然帮助把新的铁器技术传播开去。然而，这些入侵的行为非常不稳定，也无法产生持久的旅行范式，甚至是定期贸易。从南面的埃及到北面的希腊，船只在东地中海穿梭，它们还把克里特等岛屿也连接在一起。通过尼罗河上游和红海以及亚丁湾，埃及也继续同东北非的部分保持联系。海路也让他们与被他们称为普特人的地方进行定期贸易。在哈特舍普特（Hatshepsut）女王的墓中，就有描绘公元前1450年左右向普特进行贸易探索的场景。埃及船只携带着珠宝、工具和武器，然后装上珍奇的动物，包括一只豹子和迷迭香树（被仔细地连根拔起并包裹起来准备移植）。

腓尼基人特别刺激了东地中海的贸易。从公元前2500年之后，他们 16
从中东海岸的城邦出发。比起政治扩张以及农业发展，腓尼基人更为强调商业。他们与美索不达米亚进行陆路贸易，并且开始拓展海路贸易。

然后，在公元前2000年冒险式的旅行停止了——起码据我们所知是这样。即使是腓尼基人也要在之后才对旅行做出他们最伟大的贡献。互

相接触的重要性依然被承认，但是旅程的距离变短了。在公元前 1000 年之后，数个新的技术发展与更为年轻的文明的参与才再一次地开始扩展旅行的范围。

延伸阅读

有关希罗多德的引用取自于：The quotaion form Herodotus is taken from *Histories: The Histories,* trans. Robin Waterfield, notes by Carolyn Dewald（Oxford and New York: Oxford Univeristy Press, 1998）

猎人—采集者相关

Brian M. Fagan, *People of the Earth: An Introduction to World Prehistory,* 11th ed.（Upper Saddle River, NJ: Pearson Prentice Hall, 2004）

Steven Mithen, *After the Ice: A Global Human History, 20000–5000 BC*（London: Weidenfeld and Nicolson, 2003）

尼罗河—印度河地区，直到公元前1000年的情况

Joan Aruz, with Ronald Wallenfels, eds, *Art of the First Cities: The Thrid Millennium BC from the Mediterranean to the Indus*（New Haven, Conn.: Yale University Press, 2003）

John Baines and Jaromir Malek, *Atlas of Ancient Egypt*（New York: Facts on File: 1980）

Amelie Kuhrt,*The Ancient Near East.* c.*3000–330 BC*, 2 vols.（London: Routledge, 1995）

Shereen Ratnagar, *Encounters: The Westerly Trade of the Harappa Civilization*（Delhi: Oxford University Press, 1981）

Michael Roaf, *Cultural Atlas of Mesopotamia and the Ancient Near East*（New York: Facts on File, 1990）

Jack M. Sasson, gen. ed., *Civilizations of the Ancient Near East*, 4 vols.

（New York: Chares Scribner's Sons, 1995）

贸易 17

Philip D. Curtin,*Cross-Cultural Trade in World Hisotry*（Cambridge: Cambridge University Press, 1984）

Mogens Trolle Larsen, *Old Assyrian Caravan Procedures*（Istanbul: NINO, 1967）

Nemet Ozguc, 'Assyrian Trade Colonies in Anatolia,' *Archaeology* 22.4（1967）: 250 –55

运输

David A. Dorsey, *The Roads and Highways of Ancient Israel*（Baltimore, Md.: Johns Hopkins University Press, 1991）

Robert J. Forbes, *Studies in Ancient Technology,* vol.2, 2nd rev. ed.（Leiden: E. J. Brill. 1965）

——, *Notes on the History of Ancient Roads and their Construction*（Amsterdam, 1934; reprint, Chicago, Ill.: Argonaut, 1967）

Stuart Piggott, *Wagon, Chariot and Carriage: Symbol and Status in the History of Transport*（London: Thames and Hudson, 1992）

Charles Singer *et al.,* eds, *A History of Technology,* vol.1: *From Early Times to the Fall of Ancient Empires*（New York: Oxford University Press, 1954）

赫梯人和腓尼基人

Maria Eugenia Aubet, *The Phoenicians and the West: Politics, Colonies and Trade,* 2nd ed., trans. Mary Turton（Cambridge: Cambridge University Press, 2001）

Trevor Bryce, *The Kingdom of the Hittites*（Oxford and New York: Oxford University Press, 2005）

Glenn Markoe, *Phoenicians*（Berkeley, Cal.: University of California Press, 2000）

原始史料

Basil Davidson, *African Civilization Revisited*（Trenton, NJ: Africa world Press, 1991）

Herodotus: The Histories, trans. Robin Waterfield, notes by Carolyn Dewald（Oxford and New York: Oxford University Press, 1998）

R.B. Parkinson, ed. and trans., *The Tale of Sinuhe and Other Ancient Egyptian Poems, 1940–1640 BC*（Oxford: Oxford University Press, 1997）

Stephen Mitchell, *Gilgamesh: A New English Version*（New York: Free Press, 2004）

第一部分

古典时代

19 古典时代——大约是从公元前1000年到公元前500年——的特征，是各个强大的文明崛起。在波斯，在地中海，在中国，在印度，都有这些文明的身影。所有的古典文明，都至少在一段时间内建立了强大的内向型帝国，并且发展出了独特的文化和贸易系统。他们独立发展的特征非常明显。

然而，这些文明也意识到，适当地与外界接触有许多益处。最明显的好处是贸易，当然还有许多其他的潜在目的。因此长途旅行依然继续，可能频率还增加了。进步了的航海技术和对于印度洋季风等自然因素的了解，都对通过海洋进行旅行有所帮助。帝国建造了规模更庞大的道路网络，常常在一天的路程之间还附有旅店，以供旅行者住宿。虽然在陆路旅行的科技上没有巨大的变化，马的更广泛使用——例如在中国，他们开始从其他地区进口品种更好的马——以及在公元前1000年左右完成的骆驼的驯养，则有巨大的推动作用。

因此旅行这种行为开始变得普遍。古典文明也对于记录进行更好的保护，因此我们能够更好地了解个体旅行者——有些人简明扼要地撰写他们冒险故事的报告。通过这些材料我们可以看到，某些个人对他们所属文明边界之外的社会充满了好奇心，他们非常享受这种新奇的感觉。这也是这些游记的重要组成部分。

两个主要的旅行区域开始出现。各种人群都利用地中海作为干线。它连接着西亚、非洲的部分和欧洲的部分；之后还可以向东进行陆路旅行。第二个中心位于亚洲，从中国（虽然我们所知甚少）和印度辐射开去，同时旅行者也想要前往印度。

古典时代最知名的旅行家们来自于各个文明——尤其是东地中海和中国。但是当时还有其他的旅行者,包括游牧民和其他定期从外界到访文明的人。他们也补充了古典时代旅行的范式。

第三章

中东和地中海地区：公元前1000—公元500年

导 言

21 在进入古典时代伊始，我们把焦点放在地中海地区。希腊人和罗马人是这个地区最显要、最有影响的旅行者，他们也创造性地开拓出游记这种新的文学形式。希腊人成为了地中海最活跃的航海民族，也正是希腊人希罗多德开创了这一种新的方式。他在旅行之后，有根有据地把他的旅行正式地记录下来，这种方式现在被我们称为地区史和地理学。罗马人也培养出了陆地和海洋旅行的丰富经验。在罗马帝国之内，早期基督教的旅行开始出现，包括在公元300年到500年之间的前往耶路撒冷的朝圣之旅。

然而有两个其他民族为希腊人和罗马人作为旅行者的出现进行了铺垫。这两个民族都在古典时代的早期活跃：波斯人，他们大大促进了整个中东的旅行，为之后相同地区的社会提供了样板；腓尼基人，毫无疑问他们是迄今为止的世界历史上最为大胆的旅行者。但是他们对之后旅行的影响则不太显著。

腓尼基人和波斯人

我们先谈谈腓尼基人。部分是因为，就像我们在第二章中讨论过的，他们在古典时代开始之前就致力于商业和贸易。腓尼基人身边围绕着未知这层迷雾：他们发明了最有效的早期文字系统之一，但是却没有留下任何记录，因此我们需要对他们历史的几个方面进行猜测——包括他们最宏大的旅行。

我们知道腓尼基人是非常优秀的航海家，但是没有任何腓尼基记录能 22
够向我们证明这点。然而幸运的是，因为他们与周边的民族有着广泛的接触和互动，我们能够从亚述人、希伯来圣经传统、希腊人和罗马人的文字记录中了解很多有关他们的事。从无数个地中海和西班牙和摩洛哥的大西洋沿岸的海岸遗址出土的考古证据则进一步增添了关于腓尼基人的信息。

这些信息来源显示，到古典时代的黎明时期，腓尼基人已经建立了一个非常广阔的商业社会网络——这是人类历史上最早的贸易站帝国之一。其范围从他们的本土，位于现在的黎巴嫩，直到赫拉克勒斯之柱（直布罗陀海峡）之外。西顿（Sidon）、提尔（Tyre）和毕比洛斯（Byblos）都是他们最重要的“母邦”；位于非洲北岸，现在突尼斯城位置的迦太基，则是最负盛名的“子邦”。以腓尼基港口作为母港的船只满载着惊人种类的成品和原材料，从地中海的一端驶向另一端。腓尼基城市中有大量的手工业——纺织业、印染业、制陶业、冶金业和玻璃业。半成品包括象牙和各种矿石——锡、铜、铁、铅、银和金——则由其他地方进口。另外还有许多奴隶也通过腓尼基船只运输。

腓尼基远航的范围也令人吃惊。考古学家发现在摩洛哥的大西洋海岸，也有腓尼基贸易殖民地。腓尼基人通过这里获取当地的铜、金和象牙。位于西班牙大西洋海岸的其他殖民地，则是锡的主要产地。一些真实性有限的文献史料记载，腓尼基船只有时还离开通常的商业航道进行远航。这类证据中最有名的一份来自于希腊历史学家和旅行游记作者希罗多德。他告诉我们，在公元前600年左右，埃及法老尼哥二世（Necho II）让一队腓尼基商船顺时针方向绕非洲大陆航行，来确认这片大陆是不是被水域所环绕。根据希罗多德的记述，这次令人惊奇的远征是成功的，虽然到完成为止花了两年时间。现代学者认为这个故事虽然没有切实的证据，但是是可信的。

即使从未有过这场非洲之旅，在腓尼基人中，也应该有一到两位最伟大的早期旅行家。在公元前 5 世纪，一个名为哈诺（Hanno）的领袖领导了一场沿着非洲大西洋海岸的旅行。他们至少抵达了现在的塞拉利昂，可能还到了尼日利亚。也是在公元前 5 世纪，虽然没有确切的证据，一位名为希米尔科（Himilco）的旅行家可能抵达了不列颠和爱尔兰。明显地，腓尼基人是频繁的长途旅行的榜样。腓尼基的远航船队也抵达了大西洋的岛群，
23 也就是加纳利群岛（Canaries）和亚述尔岛（Azores）。有些腓尼基的成就之后从记忆中渐渐消逝：之后并没有继续向非洲和大西洋群岛进行远航；对于加纳利和亚述尔的记忆，仅仅是它们以及生活在那里的以捕鱼和采集为生的土著人的存在。但是在西地中海到欧洲大西洋海岸的贸易网络明显影响了罗马人。他们与迦太基为敌，并积极仿效了一些腓尼基人的贸易路线。

* * *

公元前 7 世纪以降，一个崭新的波斯帝国开始在中东这个远离地中海海上航道的地区成型。在公元前 556 年之后，在居鲁士大帝以及之后的大流士统治下，波斯开始征服整个中东的邻近的帝国。他们的国土一直从美索不达米亚延伸到地中海的海岸，甚至远至北非的利比亚和埃及，虽然他们进攻库什帝国的尝试失败了。在东方，波斯接管了印度河谷。他们进入欧洲的尝试（一场远至多瑙河的远征），被希腊的抵抗所粉碎。波斯帝国开始在公元前 5 世纪慢慢衰落。

但是，数个世纪间，波斯帝国仍然是到当时为止最大的帝国。它的广阔疆域明显鼓励政治、军事和商业性的旅行，虽然我们对于波斯旅行家的旅程知之甚少。在他们的全盛时期，波斯统治者从印度和南面的阿拉伯接受礼物。他们甚至从撒哈拉以南非洲获得了象牙和一匹斑马——这意味着他们联系的网络延伸出了帝国的边境。更重要的是波斯统治者所进行的革新，促进了在他们广阔疆域中的旅行；据一位当代学者的估计，波斯帝国公路的总里程数大约是 8 000 英里。这些道路因为都被小心地守卫，所以经常需要官方通行证方能使用。旅行者可以用这个系统满足各种需求。居鲁士也建立了定期的邮政和传递消息的服务，以及认真建立的、用以为商人和其他陆路旅行家提供庇荫处的旅店，甚至还有提供水的水站（这个由居鲁士建立的交通网络可能是沿袭了更为古老而更为原始的亚

述人的网络。他们在公元前900年到公元前600年间统治了大部分中东)。希腊人之后如此描述波斯在运输和交通上所做的努力:“在波斯境内,每条道路都是坦途,每条河流上都有桥,而且从来不用担心没有干粮。”波斯和中东依靠这个系统成为了东方(中亚和印度)和地中海之间的主要旅行枢纽——这个系统还会被许多之后的帝国保存或是仿造。我们会在之后的 24
古典时代看到它,尤其是希腊旅行家的描述,在后古典时代也有它的身影。

希腊旅行：框架和想象

从公元前750年开始,腓尼基航海者就面对着基于希腊城邦的日益增长的强大的海上对手。这些城邦在爱琴海的海岸和岛屿上繁荣兴盛。就像他们之前的腓尼基人一样,希腊商人四处分散,在爱琴海的各处建立贸易殖民地。比腓尼基人更进一步的是,希腊人还在黑海的海岸上建立了无数的商业定居点。这些定居点吸引了波斯的注意力,但是希腊人最后设法击退了波斯的进攻,继续发展他们高度商业化的社会。

希腊航海商人精于出口装在非常独特的、被称为双耳细颈瓶的陶器中的葡萄酒和橄榄油。他们用这些高价值的制造品换来的是满船的琥珀、毛皮、森林产品、大麦和奴隶。这些都是从黑海和地中海边许多贸易站中获取的。这种贸易的实质——希腊制成品换取外国原料——在很长时间内都对希腊人大有帮助。他们在爱琴海周围进行经济扩张并取得了相对的繁荣。正是在这基础上,成就了在公元前500年到公元前400年的希腊黄金时代。

众所周知,古典时期的希腊人是非常有想象力的说书人,而他们那些最被人所接受的故事,特别是荷马的《奥德赛》,就是以旅行中的经验为主题。现代学者认为,《奥德赛》尽管是一部非现实的作品,其主题让我们得以一窥古典时代的海上旅行的方方面面,具有历史真实性。

荷马的史诗成书于公元前700年左右,乃是基于更为古老的民间记忆。这部史诗是关于一位传奇的希腊战士奥德修斯,在公元前1300左右发生的特洛伊战争之后,远航归乡时所面临的各种挑战。本书中间的部分,集中于奥德修斯在离开特洛伊之后,在海上渡过的可以说是灾难性的

10 年。这部分对于旅行史家来说特别有价值。这里荷马展现了一部分日常的经历——还有恐惧和幻想——这些一定为古典时期的许多水手所熟知。的确，大部分我们所阅读的关于奥德修斯远航的故事，可能取材于被老水手们唠叨了无数遍的经历，而荷马把它们转变成了无与伦比的诗句。

根据荷马叙述，在奥德修斯登船离开特洛伊之后，麻烦很快就找上门来。“该死的风”把他的舰队远远吹离了航道，最后把这些船只带到了“吃
25 荷花的人”，“一个吃花一样的荷花果实的民族”这个幻想的国度。一些奥德修斯的同伴在发现这片有着蜂蜜般果实的天堂一样的土地之后，是如此高兴，结果许多人试图跳船。奥德修斯只得用强力逼迫他们继续航行。之后，舰队抵达了“塞克洛普”（Cyclops）之地。塞克洛普是“一支脾气火爆，目无章法”的民族。他们从不劳作，而是把一切都交给不朽的神。在这里，奥德修斯和他十二名最优秀的手下被一个暴躁的塞克洛普捉住了。他们竭尽心智，才骗过了绑架者，从他手里逃脱，继续航行。在海上，奥德修斯和他的伙伴侥幸逃过了塞壬们的诱惑。塞壬是一族女海妖，唱着“蜂蜜般甜美”的歌声，把水手们引向毁灭。最后，在经受了数场大风暴和海难之后——还有在女神卡鲁普索（Calypso）处渡过了七年的监禁生活——奥德修斯抵达了伊萨卡的海岸。虽然他依然前途多难，但他总算回家了。

第二个早期希腊叙事故事的例子，是伊阿宋和阿尔戈英雄们。他们是一群英雄水手，为了寻找神奇的金羊毛，勇敢地闯入未知的水域，经历了许多危险。伊阿宋的史诗在荷马的《奥德赛》中就有简略提及。在经过了口耳相传，以及数个书面版本之后，它于公元前 3 世纪左右在一个名为罗得岛的阿波罗尼奥斯的作家笔下定型。阿波罗尼奥斯以史诗的笔法叙述这段传奇，冠名为《阿尔戈英雄传》。这部史诗讲述了许多航海中的危险、新大陆的发现和奇异的外邦人。

在写作伊阿宋的故事时，阿波罗尼奥斯参考了早先数个版本。他也借用了荷马的《奥德赛》的一部分。的确，我们在阅读阿波罗尼奥斯的伊阿宋的故事时，它看上去就像是奥德修斯远航故事的改写。

这场旅程始于伊阿宋建造了一艘令人叹为观止的大船阿尔戈号，并召集了十二个英雄作为船员。他们每个人都有超人的能力。他们的远航

把他们带到了许多岛屿和国家。在那里他们遇见了大量的异邦人和奇幻的怪物。在他们的远航之初，利姆诺斯岛（Lemnos）上的女人就引诱他们，以重新充实岛上的人口。在另一次上岸之后，英雄之一的赫拉克勒斯在水泽仙女绑架了他的仆人之后就消失了。在之后的航程中，一个盲眼先知承诺如果来访的英雄们能把他从哈比（Harpy）手中拯救出来，他就提供在旅行路上的宝贵建议。哈比是一些像鸟一样的女妖，她们总是在先知要吃东西的时候抢走他的食物。当阿尔戈号抵达黑海入口和危险的“撞岩”（Clashing Rocks）的时候，他们派出了一只鸽子侦查前方的路线，并勉强克服了困难。在抵达了他们的目的地（可能位于现在的格鲁吉亚）之后，伊阿宋在获得金羊毛之前还必须完成当地国王提出的数项困难的挑战。带着他们希冀的战利品，他们航行回家。在某些故事版本中，这些英雄在回程的时候绕了远路，遭遇了更多的冒险。

把这两个故事作为考察古典时代的旅行的基点是有理由的。这两部
史诗中众多的角色不仅使故事激动人心，还把我们带入前近代水手的精神 26
世界之中。这两部故事中无数的章节帮助我们认识到恐惧与幻想。恐惧来自于水手在海上经历的危险，而幻想则是由男性船员制造出来，用来对付偶尔的抑郁和无尽的无趣。就像我们在下面的章节中所看到的，这两部史诗中占主要地位的主题，频繁地在后世的游记中出现。这些主题包括可怕的危险、充满异域风情的“他者”、奇幻的生物和性的渴望。

《奥德赛》对于旅行史史学家具有很高价值。它比空洞的伊阿宋传奇更有价值，因为其中散落着关于造船和航海者的日常生活的信息。在接下来的章节中，女神卡鲁普索决定让伊阿宋继续航行，并帮助他造一条船：

> 他搬起树段，铺出舱板，插入紧密排连的
> 边柱，不停地工作，用长长的木椽完成船身的制建。
> 然后，他做出桅杆和配套的桁端，
> 以及一根舵桨，操掌行船的航向，
> 沿着整个船面，拦起柳树的枝条，
> 抵挡海浪的冲袭，铺开大量的枝叶。

其时，卡鲁普索，丰美的女神，送来大片的布料，
制作船的风帆。俄底修斯动作熟练地整治，
安上缭绳、帆索和升降索，在木船的舱面。
最后，他在船底垫上滚木，把它拖下闪光的大海[1]。

希罗多德

我们最早的实质性的、证明希腊人生活中旅行的重要性的证据来自于希罗多德。他是一位公元前五世纪的历史学家，在先前的第二章中我们也提到了他。希罗多德的作品是一部真正的经典，名为《历史》或是《希波战争史》。希罗多德的作品常被称为第一部真正的历史作品。他试图在书中阐释：(1) 为何世界上最强大帝国的统治民族波斯人，要同相对弱小的希腊人在公元前 499 年开战？ (2) 为何较为弱小的希腊人，在 20 年后却成为了胜利者。

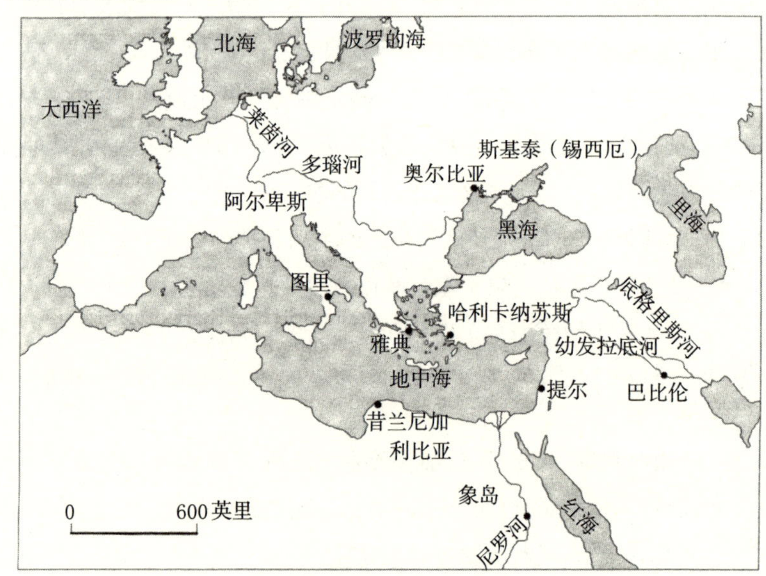

27 **图 1　希罗多德的旅途**

① 此处翻译摘取自荷马著：《奥德赛》，陈中梅译，华夏出版社 2007 版。此处“俄底修斯”即本书中的“奥得修斯。”——译者注

希罗多德为了说明这些复杂的问题，搜罗了许多素材。他从波斯统治的世界，基本上就是尼罗河-印度河流域的走廊地区的旅行开始。在介绍了波斯民族和与它互动的无数民族（主要都是被它征服，或是将被征服的民族）之后，希罗多德把书后半的篇幅用于对二十年征战的具体描述。这场争端制止了波斯的军事扩张，开启了希腊的黄金时代。

对于一个旅行史家来说，希罗多德作品的前半部分，他的“世界旅行”是重要的部分。这里他介绍了他的旅行，给读者提供了四个关键地区的自然环境和生活方式的第一手描述。这四个关键地区是：埃及、黑海的北岸草原（今乌克兰）、美索不达米亚（今伊拉克）和北非（希腊人称之为利比亚），许多信息都来自于他的直接观察，但是有些（我们总不知道有多少）来自于未被确证的当地的信息源。另外，本书的这部分到处散落着他在研究中了解到的地区和旅行者的信息。所有这些共同为我们描绘了一幅在公元前第一个千年，中东大部、中亚和巴尔干半岛，以及从埃及到利比亚的北非的图景。这幅图景远称不上完整，但是依然超过了任何其他一个古典时代的资料来源。为了更好地了解希罗多德作品的重要程度，我在这里引 28
用一段他对埃及和黑海北岸草原这两个地点的观察。

希罗多德对于埃及的报告，在现代英语翻译版本中约占75页的篇幅。其中充满了他看到或是听说（许多都是从当地宗教领袖那里）的信息。这一部分的《历史》长久以来一直吸引着读者，其中的亮点之一是他对于木乃伊制作过程的清晰描述。我们得知，遗体的保存处理通常由专业人员操作。他们向死者家属提供三种价位的服务。在要价最高的“奢侈”服务中，死者的脑子被一种通过鼻腔的特殊金属钩和灌入颅骨的药物移除。专业人员还用一种锋利的“埃塞俄比亚石刀”剖开肚子移出肠子。在用枣酒和碎香料清洗过腹腔之后，他们用迷迭香、肉桂和各种香料充填腹腔，并缝好，遗体之后被放入硝石等脱水剂中70天，以使肌肉干燥，并使皮肤呈现出皮革一样的质地。在处理的最后阶段，枯干的尸体被亚麻布绷带包裹起来，还给死者家属，最后被放置在直立着的木质容器中。根据希罗多德的说法，便宜的做法是让脑子保存完好，不切开身体，不完全移除内脏。

希罗多德对于居住在位于现在乌克兰的黑海北部大草原的游牧民族

的描述，只有他描述埃及人篇幅的一半。这个民族被希腊人称为斯基泰人。但同样重要，也同样有趣。确实，他对于斯基泰人的描述，基于他从黑海沿岸的希腊殖民地获取的信息，是对于中亚草原游牧民最早的、具有重要性的描述。许多他对于斯基泰人的描述都为现代学者通过考古学而证实。

甚至希罗多德对于亚马逊人，即草原的女性战士部族的描述，也有一定的可信度。而传统上，学者对这部分抱有极大的怀疑态度。在希罗多德的叙述中，黑海地区的希腊士兵曾经与亚马逊人的军队作战。尽管希腊人击败了亚马逊人，并俘虏了许多人，但是她们成功逃走，最终加入了斯基泰人（斯基泰语中女性战士被称为“男性杀手”）。之后，亚马逊人迁移到了东北边的远方。在那里，她们在马背上狩猎，有时有、有时没有丈夫的陪伴。她们上战场，还穿和男人一样的服装。

现代考古学者，有些是女性，已经发掘出了一些证据，证明希罗多德对于亚马逊人的描述的历史真实性。这些学者在乌克兰南部发现了数量
29 巨大的古墓，其年代可上溯至公元前1000年中叶。墓中有女性骸骨，陪葬品中有长枪、箭矢和盔甲。有些骸骨显示她们生前死于头部重击，或是为利器所伤。这进一步证明她们是武士，而非偶然和武器埋葬在一起的女性。这些坟墓中还有青铜镜子、衣服上的金饰，以及珠宝（耳环、项链、胸针、臂环）。也许这样的墓葬方式是为了让这些女性在彼岸世界能够继续使用她们作为战士所需要的武器和为了增添魅力的装饰品。总之，考古学的发现暗示希罗多德对于亚马逊的描述并非像先前认为的那样，是他胡思乱想的结果，而带有一定历史真实性。

然而，当涉及他从未拜访过的地方和民族时，希罗多德的可信度就大打折扣。其中臭名昭著的例子之一，就是他在描述印度（事实上是印度河谷地区，位于今巴基斯坦）人生活时，掺和了少量的事实和（大部分是轻蔑的）幻想。他从未去过印度，而关于该地，希腊人的知识非常不准确。尽管他正确指出了印度人穿棉制品，这种最早在印度河谷地区栽培的植物制的衣服一事，但是其他的描述全部离事实相距甚远。他说印度人是以部落为组织形式（可能部分正确），南部的人种有黑皮肤，并且在公开场合进行性行为，“就像动物一样”。他声称有些南部部落还会食人。在北部，部

落都十分好战，骑骆驼到沙漠中搜寻黄金。他们用像“有狐狸那么大”的蚂蚁挖出矿石，然后把它们堆成一堆。

在他关于印度的篇幅中，希罗多德为希腊读者留下了这样一幅亚洲民族的印象：他们是奇特、纵情声色、充满异邦风情的“他者”。这个主题在之后数个世纪中的欧洲游记中一再出现。某些近代学者用“东方主义”这个术语来描述特意把亚洲人的形象描绘成欧洲人的理性和美德的对立面的做法。

另一方面，如果希罗多德在“东方化”印度民族上犯有过错，他对于努比亚人的叙述则基本上还符合事实（希腊人称他们为埃塞俄比亚人）。他们是居住于现在苏丹境内的尼罗河上游的民族。这是希罗多德没有到访，但却简略地记在《历史》中的第二个地区，与他对埃及的论述相联系。他告诉我们，当他在埃及时，逆尼罗河而上，至第一瀑布（就是现在阿斯旺大坝所在的位置，自三角洲起约700英里）。在那里，埃及人建造了一座巨大的宗教建筑。因为无法继续前行，他只好求助于当地人，在象岛（Elephantine Island）上询问有关南方埃塞俄比亚人的事情。别人告诉他可以用拉纤，或是由旱地运船的方式继续向上游旅行。至于埃塞俄比亚人， 30
希罗多德被告知说，他们有着“羊毛般”的头发。他们在梅罗伊（Meroe）处建都（这已经被考古学所证实），崇拜宙斯［事实上是埃塞俄比亚神祇阿姆（Amun）］和狄奥尼索斯［埃及神奥里西斯（Osiris）］以及其他的神。他们还有其他特征，例如肤色、食人、公开性交和豢养奇异的动物，这里就不提了。

虽然我们已经讨论完了希罗多德作为游记作家的优缺点，但是我们尚不能在没有讨论《历史》中一些令人讶异的隐略的情况下就对他下结论。这些隐略包括：他是如何旅行至他所拜访过的地方，他在道路上是何种住宿条件，他在旅行中如何进行支付，等等。让我们简略地探讨一下这些问题。在写到他前往埃及的背景时，希罗多德向我们提供了一些少见的关于他如何旅行的信息。

> 我想要尽可能清楚地了解这些事情（埃及和其他地方的宗教信

仰和习俗),因此我航海,前往腓尼基的提尔。

就像我们已经知道的,希腊和腓尼基船只在公元前 5 世纪的时候充斥着地中海的航道。由于没有专门为乘客设计的船只,商业小船常常通过带上几个乘客并为他们提供最低限度的甲板住宿来赚点外快。

虽然由于希罗多德的隐晦,我们无法确定他的行程,但是很有可能,希罗多德在商船上渡过了大部分的旅程。这些商船从雅典港口比雷埃夫斯港启程,直达埃及、腓尼基、北非和黑海各港口。在乌克兰、北非和腓尼基,他可能就在港口附近旅行。而就像我们已经读到的,在埃及,他溯尼罗河而上,远至象岛。他可能借助河船完成这场旅程。但是从地中海海岸前往美索不达米亚和巴比伦地区,他就必须走陆路。他可能加入了许多商业骡队中的一支,这些骡队联通着海岸和幼发拉底地区。

至于他晚上的住宿,希罗多德也没有向我们提供任何信息。希腊世界中最早的旅店,出现在他更早先一点的时代。然而,就像我们在第二章中了解到的,为美索不达米亚地区的旅行者服务的旅店古已有之。汉谟
31 拉比法典中也对这些建筑进行了规定。也许希罗多德与希腊人一起,在他们所拜访的城市中住宿。希腊人,就像所有的东地中海民族一样,非常看重好客精神。这项传统在荷马史诗中就显而易见,在诗中被称为“待客友情”。许多旅居国外的希腊人都应该会欢迎一位满腹远方土地的奇闻异事,并乐于分享的同乡人。我们可以想象,希罗多德就是这样的人。

最后,我们依然对他是如何负担他的旅行支出毫无头绪。由于他只字未提,有些学者猜测他是专业的演说家或作家,而他作品的主题就是他的旅行。我们不能过于发挥想象力,认为他是在博物馆、图书馆、书店和大学里主持讲座的旅行家的古代版本。

色诺芬

希腊的黄金时代是希罗多德旅行的时代背景。这个时代止于斯巴达和雅典之间的战争(就是公元前 431 至公元前 404 年的“伯罗奔尼撒战

争”)。斯巴达最后成了战胜方，部分得归功于波斯。但是代价是惨重的，整个爱琴海地区的经济都陷入衰退。在这场战争之后，居鲁士，波斯皇族的一员，招募了大约一万名希腊雇佣兵。这些人热衷于在异乡服役，因为本土经济情况不佳。居鲁士雇用这批士兵，以帮助他从他的哥哥阿尔塔薛西斯二世（Artaxerxes II）手中夺取王位。为了进一步加重他的砝码，居鲁士还额外从帝国各地招募了两万多名非希腊士兵。居鲁士指挥的三万人部队还有两万多名营地人员陪伴。这支营地大军包括家眷、仆人、奴隶、手工艺人、商人、占卜师、放债的、书记员、艺人、驾车车夫和工程师。粮食和装备装满了数千辆马、驴、骡、牛拉的大车。

的确，就像大多数古典时代的军队一样，居鲁士招募的士兵都是步兵。希腊人是我们所能了解的唯一一部分居鲁士的士兵。他们不是装备着长矛和剑的重装步兵，就是专精于投掷标枪的轻装步兵。居鲁士是名义上的总指挥官，但是每个作战单位从不同地区和希腊城邦招募，听命于他们自己的指挥官。

在公元前 401 年的春季，居鲁士和他的士兵们踏上旅程，而这将会成
为古典时代最著名的旅行之一。他们穿过安纳托利亚进入美索不达米亚，
有时一天要走二十英里，对于一支大军来说行军神速。 在 9 月，居鲁士军 32
队在巴比伦被阿尔塔薛西斯二世的军队击败，居鲁士被杀。希腊士兵与其余的军队分离，变成了一个机动（且武装）的城邦。他们谈妥了协议，得以撤退。然后他们向北穿过美索不达米亚，抵挡沿途各种敌人的攻击。当他们进入多山多雪的东安纳托利亚时，这些士兵抛弃了他们的大车、许多牲畜和大部分的营地人员。穿过崎岖山道的幸存者在公元前 400 年抵达黑海沿岸。但是在他们的旅行结束之前又过了一年。在这一年中，这些士兵前往并穿过爱琴海，最后抵达了希腊本土的色雷斯。在这个离他们起点不远的地方，他们结束了在西安纳托利亚的旅行。

我们对这些希腊士兵的旅行知之甚详，因为他们之中一个富有天分的雅典作家色诺芬。居鲁士军队在巴比伦附近被击败之后，色诺芬成了这大约一万名希腊雇佣军的领导者之一。许多年之后，他保存的日记是他能够写出关于这一万人大约三千英里的旅程的缜密记录。这本书被称为《远

征记》(*Anabasis*,"远征"的希腊文)。

对于旅行史家来说,色诺芬这本书最重要的地方在于大量丰富的信息。这些信息让我们了解在旅途中士兵面对的各种具体情况:他们所选择的路线,他们如何应对恶劣的天气和崎岖的地形,每天长短不同的行程以及他们是如何为自己准备干粮、遮风避雨的场所及驮兽所需要的草料的。希罗多德那里所缺少的日常细节充斥在色诺芬作品的字里行间。但是这本书还有更多的信息。就像希罗多德一样,色诺芬也是一个敏锐的观察家,观察着他所经过的地区。《远征记》保存着关于公元前 400 年安纳托利亚、美索不达米亚和爱琴海地区情况的珍贵数据。此时,波斯帝国和希腊城邦同处盛期。

希腊人面临的最大的挑战之一,是如何在没有坚固的桥梁和可靠的渡船的情况下渡过河流。他们的路线显示,这些士兵在旅途的两年之中,渡过了无数的河流。色诺芬为我们提供了足够的信息,让我们知道他们的办法之一是使用动物皮作为浮囊。有一次,当他们沿着幼发拉底河向南行进的时候,遇到了一座坐落在河对岸的城市,在那里他们可以购买补给。为了渡过河流,

> 他们在用来覆盖帐篷的动物皮革上铺上干草,然后把它们拉到一起缝起来,这样水就不会浸到干草上。他们就以这样的方式渡过河流,获得了补给。
>
> (*Xenophon: The Persian Expedition,* trans, Warner, p. 77)

33 之后,当沿着底格里斯河上游向黑海行进的同时,为了应对波斯人的攻击,士兵们考虑要渡过底格里斯河。一位罗得岛出生的希腊人提了一个建议——为了获得 1 塔兰特(可能是 50 —75 磅左右)白银的报酬。他的计划是准备 2 000 多张动物的皮,用绳子把它们绑在一起,再在上面铺上木板和土,来建造一座巨大的浮桥。根据色诺芬的记述,将军们考虑这个计划,但是最后放弃了。因为即使计划可行,对岸的波斯军队也会让渡河变得困难。

在他们前往黑海的征途中,希腊士兵们依然不断地被波斯人追赶,在

多山的东安纳托利亚地区（之后这里被称为亚美尼亚）的大雪中，遇到了最艰险的困境。在某些地方积雪深达六英尺。士兵们的鞋子因为寒冷都和脚粘连在了一起。冻伤、饥饿和疲劳导致许多远征者和驮兽死亡。当士兵们抵达黑海时，他们的数量已经减少到了 8 600 人。考虑到他们遇到的各种艰难险阻，损失的数字之小令人惊奇。

当他们在现代被称为特拉布宗（Trabzon）的地方抵达黑海时，有些士兵又经历了非常奇怪的苦难。色诺芬写道：

> 当地有许多蜂巢。所有吃了蜂巢中蜂蜜的士兵都颠倒发狂、呕吐、腹泻，不能站立。吃了少量蜂蜜的人像是喝醉了酒，吃了许多蜂蜜的则像是发疯了一般。有些人还死亡了。
>
> （*Xenophon: The Persian Expedition,* trans,Warner, p.215）

现代学者重新审视了“疯狂的蜂蜜”事件，并且确认了这种蜂蜜由杜鹃花蜜制成。这种在安纳托利亚的黑海海岸随处可见的花有毒，食用之后会出现“疯狂”的症状，有时还会致命。

亚历山大大帝

我们已经看到了，色诺芬的《远征记》提供了希腊城邦和波斯帝国政治及经济衰退情况的描述。这些倾向在之后的数十年中不断加速，为一个野心勃勃的外来者征服这两个地区创造了机会。在公元前 338 年，马其顿
的菲利普在克罗尼亚攻击并击败了希腊城邦的联军。随着这场马其顿的 34
胜利紧接而来的是菲利普被刺杀，而他 23 岁的儿子亚历山大即位，结束了希腊城邦延续了许多个世纪的独立地位。

现在轮到波斯了。亚历山大率领 50 000 名马其顿和希腊士兵（可能还有大约 15 000 人的非战斗人员）迅速进军，跨过达达尼尔海峡进入安纳托利亚，试图接管波斯帝国。由此，他开始了一系列令人惊异的旅行。他率领着士兵穿过安纳托利亚和腓尼基之地，进入埃及，然后向东一直打到现在的巴基斯坦、中亚和印度西北部。在西北印度的临时营地，他没有能

够说服士兵随着他继续向东，亚历山大最后在公元前 326 年停止进军，向巴比伦撤军。三年之后在那里，在他 33 岁生日前夕去世。

尽管亚历山大似乎没有留下有关他作战的任何文字记载，他的将领之一和一个与他同时代的人编写了关于他的战斗和征服的记录。这些记录在很久以前就已经佚失，但是关于它们的很多信息在之后的作家，例如阿里安和普鲁塔克的作品中留存了下来。这些作家都生活在公元 1—2 世纪。总之，作为旅行家的亚历山大的文献记载，尽管在很多方面都有些小问题，但是相较于希罗多德依然更为丰富，能与色诺芬的遗著相媲美。

亚历山大军队最明显的特征是机动性。我们已经知道，居鲁士集结的军队包括了上千辆大车，大约每个战士附带两名非战斗人员。相对的，亚历山大——遵循他父亲的模范——几乎不用车辆，并且把非战斗人员的数量限制在每十个战士对应三个非战斗人员。他的步兵需要携带他们自己的装备（大约五十磅）、自己的干粮、水（至多有二十磅），驮畜（骡子、马和骆驼）拖着帐篷、重装备、工具、额外的粮食和水。通过放弃使用车辆，限制非战斗人员的人数，亚历山大能够对他的对手进行快速打击，并进行总共大约 20 000 英里的长途旅行。

亚历山大生涯中最有趣的一章是他在现在的阿富汗和乌兹别克斯坦，当时分别被称为巴克特里亚和粟特，展开作战的那段时间（从公元前 330 年到公元前 327 年）。这些地区——有富饶的牧场和得到灌溉的平原，间有绿洲点缀，主要的商贸通道贯穿其中——被波斯人控制着。现在，在激战之后，亚历山大把它们纳入了自己的版图。他很快建立了哨站和新的城市，并且对当地人加以训练，纳入希腊式方阵作战。在这期间，他似乎把总部设在巴克特里亚的首都大夏（Balkh）。该城当时已经是一座筑有城墙
35 的大城，位于奥克苏斯河（Oxus，阿姆河的古名）南部不远。根据传统的说法，琐罗亚斯德这个公元前 6 世纪的波斯先知就出生在这里。在公元前 327 年的大夏，亚历山大与名为罗莎妮（Roxanne）的巴克特里亚公主结婚。这可能是他与当地贵族打成一片的战略的一环。我们在之后的章节可以看到大夏的规模、防御和位于欧亚大陆中心的位置对于许多长距离旅行

者——和军事入侵者——的吸引一直持续到很久之后。

亚历山大留给未来旅行者的遗产十分丰厚。尽管他建立的帝国在他死后迅速分崩离析，他在战役中建立的哨站和城市——希腊的士兵、官员和商人按照他的命令移居其中——在之后依然继续繁荣。无数的无名旅行者，我们可以依靠考古学跟随他们的足迹，把这些希腊文化和商贸的堡垒连接在一起。这样就形成了一个从尼罗河三角洲一直延伸到阿富汗的平原和山地的长距离交易和文化交换的网络。

罗马旅行

> 在整个罗马帝国中，旅行简单易行、快捷安全的程度可以同 19 世纪的时候比肩；改换居住地的行为比现在（1907）还要频繁，而水域和陆地都因为贸易和旅行而生气勃勃……帝国的北部和西部没有像 19 世纪这样富有生机，但是南部和东部则更为活跃。
>
> 弗里德兰德（Friedlander），I：268（1907）

在公元前 3 世纪开始的，在黑海和地中海发生的，罗马统治的扩张为旅行创造了新的机遇，这个过程一直持续到古典时代的末期。两项至关重要的变革是罗马全盛时期旅行迅速增加的基石。罗马建立，并强加于地中海地区和西欧的政治上的统一，尤其是在公元头两个世纪（罗马和平），显著地减少了陆地和海洋旅行的危险。尽管道路上的强盗和海上的海盗并没有消失，但是它们因为罗马法律无处不在，而变得不那么麻烦。

第二项加速旅行增长的发展，是在公元前 200 年到公元 200 年之间罗马经济的繁荣。水下考古学家在地中海发现了许多这个年代的沉船；残骸数量的巨大和这些船只（货船）体积的庞大都是繁荣的商业经济的象征。许多其他的证据显示小麦、葡萄酒、橄榄油、丝织品、陶器、木材和砖块的生产都有增加。许多增加的产量都输出到了罗马城，而城中的人口在公 36
元元年可能增长到了大约 100 万。

政治统一和经济繁荣使在道路上和航道上旅行的罗马人数量达到了

前所未有的高度。商人、士兵和奴隶毫无疑问是最常见的旅行者，但是关于这几个群体中的单个旅行家的记录却非常少见。在赫拉波利斯，一个安纳托利亚的城市中有墓葬铭文，其内容是纪念一位名为弗拉维斯·佐克西斯的商人向罗马进行的72次远航。大部分商人不太可能和弗拉维斯·佐克西斯有同样的纪录。然而，他的伟业显示了在帝国早期，频繁地在东地中海进行旅行是可行的。

许多其他的罗马人，也参与了陆路和海路的旅行。各种证据表明帝国的官员、使节、信使、侍从、作家、科学家、学生、匠师、艺人、运动员、朝圣者、传教士和游客在旅途上络绎不绝，而且常常走得很远。而且，许多皇帝也如此旅行。尤里乌斯·恺撒在公元前44年被暗杀，没能成为帝国的第一任皇帝。然而他在公元前1世纪60年代和公元前1世纪50年代作为军事领袖和行省总督四处旅行。他在安纳托利亚、西班牙、高卢、英国、埃及、叙利亚和北非都度过了长短不等的时间。屋大维/奥古斯都（公元前27年到公元14年在位）在公元前31年率领着大支舰队从南意大利出发前往埃及。提比略（公元14—37年在位）在登基之前率领罗马士兵在西班牙、亚美尼亚和日耳曼地区作战，之前，还在罗得岛上过了八年的隐居式生活。卡里古拉（公元37—41年在位）在童年时代与他父亲一起居住在叙利亚；之后，在他短暂的在位时间中（他被暗杀）在高卢和日耳曼地区领导军事战役，最远曾经抵达英吉利海峡的海岸。

哈德良（公元117—138年在位）是最擅于旅行的皇帝之一。他在旅行上花费了将近一半任期的时光。在他统治的早年就进行了最富有野心的旅行。公元121—125年，他拜访了罗马的许多边境地带。这次远征把他从罗马城带到了现在的德国、英格兰、法国、西班牙、摩洛哥，然后他乘船前往位于现在土耳其的安条克（Antioch）。从安条克他向北穿过安纳托利亚抵达黑海的港口特拉布宗，然后从海路出发，走陆路回到罗马。期间还在以弗所和雅典做了短暂停留。三年之后，哈德良再次出发，这次是较短的航行（以他的标准来说），穿过地中海抵达北非，慰问驻扎在现在阿尔及利亚的罗马士兵。哈德良最后的旅程从128年持续到132年。这是一场海陆并行的东地中海观光游。他拜访的地点包括雅典、以弗所、安条克、巴

尔米拉、耶路撒冷和埃及城市亚历山大里亚与底比斯。在他第三次旅行的 37
终点，皇帝已经积累了将近 18 000 英里的里程。

支持哈德良旅行的是罗马帝国良好的铺石道路网络。在他统治的时候，道路总长将近 4.8 万英里。罗马人建造这个网络似乎结合了军事和行政目的。士兵们在这 180 万平方英里的帝国中，沿着道路分散驻扎；事实上，许多道路就是由军队建设的。主要的干道通常都有 15 —18 英尺宽，由四层用灰浆涂抹的石头和碎石组成；深深的排水沟进一步增加了道路的耐久能力（我们可以看看在现在的叙利亚、葡萄牙和其他前罗马世界中，遗留下来的部分道路）。为了旅行者的方便，道旁还竖立着石刻的里程碑。现在有超过 4 000 个这样的标志遗留下来。

道路除了在军事上具有重要性之外，对于帝国的行政也不可或缺。帝国的人口在 2 世纪达到了 5 000 万的高峰。奥古斯都皇帝开始把主要道路作为官方的邮政系统进行使用，被称为“*cursus publicus*”。这使得皇帝可以“用信件”管理他们广阔的帝国。这个邮政系统可能模仿了希罗多德所描述的波斯早先的系统。波斯系统的中心是从位于现在伊朗西南部的苏萨（Susa）出发，到安纳托利亚西部的萨迪斯（Sardis）的“皇家大道”（Royal Road），其总长 1 400 英里。根据希罗多德的描述，其上有 111 个皇家驻守的驿站（间隔 12—13 英里），沿线还有许多“优秀的旅店”和哨站。在路上需要穿过许多河流，因此似乎道路还配有渡船。希罗多德估计，大多数旅行者在皇家大道上平均每天旅行 15—16 英里。这意味着整场从苏萨到萨迪斯的旅行需要 90 天。官方的信使毫无疑问会以更快的速度旅行。

罗马人建立了地方保养的中继所，或是有人驻扎的哨站，以供信使换马。其间隔在主要大道上是每 10—12 英里。同样由地方资助的，供旅人过夜的旅馆按照 25 英里的间隔建造，这差不多是在这些道路上一天的行程长度。官方信使通常的速度似乎是每小时 5 英里，但是当信息非常重要的时候，有记录表明信使的速度会更快。

在主要的道路上的旅行主要局限于有公务在身的人：士兵、信使和行政官员。市民如果想要根据私人目的使用道路，就需要从行政官员那里取得“官方的证明”(*diplomata*)。这些文件当然可以颁发给各种旅行者,但是很少颁发给商人。陆路运输的成本远远高于(差不多是 40 倍)用驳船、
38 平底船、海船运输货物。结果在主要干道上并没有很多商旅。

然而在罗马和平的年代里,地中海和黑海上的商业远航的数量大大增加了。罗马城数量巨大的人口所需要的大麦和其他各宗商品,都是通过海路从行省运来。在每年的航运季节(也就是除去冬天的那几个月份),从西班牙、法国、北非、撒丁岛和西西里前来的船只在罗马的港口奥斯提亚和部丢利(此地靠近现在的那不勒斯)卸下大麦、橄榄油、葡萄酒、鱼和无数的其他商品。罗马最重要的生命线是到亚历山大里亚的海路。从这个巨大的、位于尼罗河三角洲的港口驶出的是装有大量的谷物的船只。这些谷物用来喂饱城市中的下层平民。罗马也需要从亚历山大里亚运送埃及亚麻和纸草,以及其他一系列从更远的港口运来、在埃及转港的货物:南阿拉伯的熏香、撒哈拉以南非洲的象牙,印度的胡椒和其他香料、中国的丝绸。在东地中海的其他地方,例如西顿、提尔和在以弗所的安纳托利亚港口等腓尼基港口,为罗马提供本地产的商品和从远处转运来的商品。

基督教使徒保罗

一场对于公元 1 世纪时期地中海远航的生动描述,在新约中《使徒行传》的第 27 章中跃然而出。通过它,我们可以了解到圣保罗(生卒年代大约为公元 1—65 年)在公元 59—60 年间从犹底亚(现在的以色列)到罗马的旅行。保罗受到了犹太领袖和罗马省级官员法律上的逼迫,提出了他作为罗马公民的权利:在首都受审。一位罗马的百夫长奉命把他护送到那里。

在这些事件之前,保罗已经在不断的旅行中度过了很长的时光。他是一名犹太人,年轻时居住在塔苏斯[1]。塔苏斯位于安纳托利亚东南部,是横穿安纳托利亚的罗马大道上的一个主要城镇中心。在那里他可能学到

① 《圣经》和合本译为“大数”。——译者注

了做帐篷这门有用的手艺。在三十多岁时，他戏剧性地转而皈依了基督教。在大马士革的基督教群体中居住了数年之后，他前往安条克。这个城市成为了他传教的基地。

公元1世纪时，保罗在东地中海和爱琴海地区进行了三次长途旅行，以把基督教教义传播给外邦人。他的战略似乎是在位于安纳托利亚的主要罗马道路和爱琴海的关键港口的城市中建立教会；从这样的城市出发，新的信仰再传播到邻近的乡村地区。当保罗在陆路旅行时，他可能在一两个同伴和一只装着行李的驴子的陪同下徒步旅行。无疑，他采用的是通常 39
的做法：登上小型的船只进行短程的海上航行，搭乘大型的货船在公海上远航。至于他的住宿问题，《使徒行传》告诉我们，他经常得到同袍基督徒的款待。可能和他信同样宗教的教徒的补贴，以及他自己制作帐篷的手艺，提供了当他别无选择时投宿旅店的资金。

保罗是一位吃苦耐劳的旅行者。在他的三次传教旅行中，行程达12 000—13 000英里，他被数次投入监狱，并经历了三次海难。《使徒行传》与他写给各地教会的书信，都告诉了我们许多他在路途上天天所要面对的挑战。但是我们对于他最后一次旅行——在军事护卫下前往罗马的远航了解最多。

这场旅行的起点是犹底亚的西泽利亚港（Caesarae），远航季节（4月中旬到10月中旬）的末期，风暴正变得越来越频繁和危险。保罗和其他的几个囚犯，包括《使徒行传》的作者，在一位名为尤里乌斯的罗马百夫长押送下，登上了一艘前往安纳托利亚的米拉（Myra）港的货船。这艘船沿着地中海东部的海岸航行，在腓尼基港口西顿停留了一会，之后向西借着强劲的风势，跌跌撞撞地抵达了米拉。在这里所有的乘客都下船了。

尤里乌斯很快就找到了另外一艘船只将他们带往罗马。这是一艘亚历山大里亚的巨型谷物船，能够容纳276人（包括乘客、船员和士兵）。从米拉港出来，这艘大型货船迎着强烈的风在安纳托利亚的海岸航行，抵达了克里特岛的南岸。保罗，可能还有其他乘客，提议在克里特岛避风，等待情况好转。然而，在能够找到一个避风港之前，一股猛烈的东北风使船只偏离了航道。所有在船上的人一定都胆战心惊。情况非常危险，船员都准备要弃船。为了让船只能够漂浮在水面上，谷物都被扔下了船。当一切看上去都无望了的时候，他们看见了马耳他岛的海岸。船员们让船在海岸上搁浅。由于船只已经千疮百孔，保罗和其他人只能跳下船，游到岸上。

保罗和他的船友在马耳他岛上度过冬天，然后继续他们的行程。他们登上了从亚历山大里亚前往罗马的另外一艘船只。在西西里的锡拉库扎（Syracuse）做短暂停留之后，他们抵达了意大利海岸的部丢利港。保罗在部丢利港被关押了一个星期，百夫长尤里乌斯看守着他。当地的基督教团体则陪伴着他。然后他前往罗马，可能是走连接着港口和首都的海岸大道。《使徒行传》在这里结束了关于保罗旅行和传教的叙述。最后《圣经》记载保罗在罗马继续布道整整两年，“相当公开而且没有受到阻碍”。依据教会传统，保罗在罗马皇帝尼禄对基督徒的迫害中被杀。

地中海的旅游

40 在公元前2世纪中期，一位出生于腓尼基港口西顿，名为安提帕特（Antipater）希腊吟游诗人写下了如下的文句：

> 我已经看到了坚不可摧的巴比伦城墙，其上可以跑马车，还有在阿尔菲厄斯两岸的宙斯神像。我还看到了空中花园和赫利欧斯的巨人像，奢侈的金字塔就像人造的山脉，还有摩索拉斯巨大的坟墓。但是当我看到阿尔忒弥斯直指天际的巨大圣所时，其他都黯然失色。普天之下除了奥林匹斯山，再也没有能与其比肩的建筑。
>
> （Clayton and Prince, eds., p. 12）

安提帕特的诗句是在古典地中海世界中，最早提出“七大奇观”这个概念：巴比伦的城墙和空中花园，奥林匹亚的宙斯像，埃及的金字塔，罗得岛的巨人像，安纳托利亚统治者（公元前377—前353年在位）摩索拉斯巨大的陵墓，以及位于以弗所的巨大阿尔忒弥斯神庙。在七大奇观之后的版本中，巴比伦的城墙被亚历山大里亚港口中帕罗斯岛上巨大的灯塔所取代。

这个七大奇观传统的建立，是早期地中海旅行新颖而更广阔的形式中的一部分。这种旅行样式与罗马政治扩张密不可分。这种新的发展就是旅游业的兴起。希罗多德当然可以被视为古典世界的第一个旅游观光者。在《历史》（*Histories*）中可以看到，他对于埃及金字塔和巴比伦城址的生动描述，起码说明他部分的目的是为了从关于异邦土地和民族的第一手资料中获取乐趣而旅行。

希罗多德远不是仅有的享受前往埃及和巴比伦观光的希腊人。但是在罗马帝国时期，在地中海地区为了乐趣而旅行的现象大大增加了。的确，对于罗马上流阶层来说，旅行似乎成为了度过闲暇时光的主要活动，尤其是在公元 1 —2 世纪。在那时，古典地中海世界无论是在政治秩序还是经济繁荣方面都达到了最高峰。

希腊和埃及，这两个地区拥有丰富的历史资源。它们成了前往外地享受的罗马人的最爱。如果他们想去希腊，他们就会踏上陆路和海路兼有的旅程。他们还有地图，描绘最受人喜爱的旅游路线，连各个休息站和旅店的间隔距离都有。在公元前 2 世纪，一位名为保萨尼阿斯的希腊作家写作了一本大部头、充满细节的指南书，介绍希腊重要的历史古迹。这是现代旅游手册的真正祖先。

罗马人通常从海路前往埃及。大型船只常常能够同时装载货物和几 41
百名乘客，就像那艘把保罗带到马耳他的船只那样。从部丢利港到亚历山大里亚行程 1 000 英里，通常需要 20 天。但是在最好的情况下，一艘船只乘着强风能够把时间缩短到九天（而从罗马到亚历山大里亚的陆路，穿过南意大利、希腊和安纳托利亚则需要将近 2 个月）。然而，回程所用的时间则长得多。地中海的风向向南，被称为地中海季风（Etesian，“年”的意思），这使得从亚历山大里亚出发前往罗马的船只需要绕道，就像我们在保罗的旅程中看到的那样。他的旅行在将近年末的时候开始，持续的时间异常的长，因为他要在马耳他过冬。然而，从亚历山大里亚到部丢利的夏季远航，即使是在风调雨顺的情况下，也可能需要 2 个月。

考古学家已经在罗马观光者常去拜访的古迹附近发现了无数的旅店遗留。这些建筑大多数都又小又黑又脏。在古典作家的作品中，他们也常常发牢骚。这里是1世纪的罗马作家塞涅卡对他在拜占庭住宿地的抱怨：

> 我（暂时）居住在公共澡堂里。各种人群发出的噪音让我恨不得把耳朵扯下来。肌肉男锻炼身体，举起哑铃，当他们拉伸肌肉（或是让你觉得他们在拉伸肌肉）的时候，我就听见这种哼哼（还有很多其他的令人讨厌的声音）……接踵而来的是卖饮料的人高低起伏的叫卖声，还有卖香肠的、卖蛋糕的和卖各种食物的商人。每个人都用各自的声调推销他的商品。
>
> （Casson, *Travel*, p. 120）

许多旅游者理所当然地尽可能租用私人的住宅。

早期基督教朝圣

> 亲眼看到过犹底亚，了解古代城市的位置，和它们改变过或是没有改变的名字的人，能够深刻地了解圣典的含义。
>
> （St. Jerome, ca. 342—420 CE）

在耶稣死后的三个世纪中，陆陆续续地有一些基督徒前往耶路撒冷朝圣。但是在君士坦丁（公元305—337年在位）统治时期，情况发生了巨大的变化。他是罗马帝国第一个基督徒皇帝，而他也把原先朝圣的涓涓细流，拓宽为持续不断的小河。根据4世纪历史学家优西比乌的记载，在312年，君士坦丁在意大利北部取得一场重大军事胜利之后皈依基督教。
42 他把这场胜利归功于"我主基督"的支持。在这场战斗之后，很快君士坦丁就将基督教合法化，并且开始在他的国度内开展建造教堂的计划，把他新接受的宗教提升到与罗马传统异教平等的地位。另外，为了促进神学上的统一，在公元325年，他于西安纳托利亚的尼西亚召开了第一次基督教大公会议。

正是在这背景下，君士坦丁接受了在耶路撒冷城内，耶稣基督受难的地方建立教堂的计划。这个地方原先被崇拜女神阿芙洛狄忒的罗马神庙所占据。尽管君士坦丁本人无法前往耶路撒冷监督这项工程，他派出了已经年长的母亲海伦娜作为他的代表。海伦娜也是一名基督徒。

海伦娜在327年前往耶路撒冷的旅程是第一次有充分记载的前往基督教圣地的朝圣之旅。优西比乌为我们提供了关于她路线、旅行方式和她在巴勒斯坦所有重要活动的记载。她从罗马出发，经过拜占庭。这个地方是她儿子新定的东部首都，很快就会被改名为君士坦丁堡。从拜占庭她经罗马军用道路穿过安纳托利亚。陪伴她的是“皇家仪仗队”，也就是说她率领着一群行政官员、士兵和仆人。每到她休息过夜的地方，地方政府官员都已经准备好了盛大的欢迎仪式和舒适的住宿条件。海伦娜则毫不吝啬地向地方的士兵、慈善机构和教堂捐献，以答谢他们的热情好客。

海伦娜一抵达巴勒斯坦，她自身的行为和周遭的环境，都注定了这不是一场默默无闻的旅行，而是新的、影响深远的基督教徒，尤其是上流社会的女性旅行传统的肇始。优西比乌将两座教堂的建造归功于她。而这两座教堂，坐落在耶稣出生地伯利恒和据传耶稣升天的橄榄山上，成为了基督教朝圣旅行的焦点。尽管他没有提到海伦娜在圣墓教堂（Anastasis）——该教堂坐落于耶稣受难和埋葬的地方——的建造中扮演了什么角色，但她也非常可能参与了这项建造计划，并发挥了重要作用。

为了建设圣墓教堂，原来的阿芙洛狄忒神庙被夷平，而这片土地被重新挖开。在挖开土地的过程中，人们发现了一座被基督徒认为是耶稣墓穴的墓，也就是圣墓。它于是成为了圣墓教堂的核心。之后数十年间，基督教作家也声称，在发掘圣墓的过程中还同时出土了真十字架的碎片，海伦娜亲自将它们辨识了出来。根据这些作家的说法，有些真十字架的碎片被保存在耶路撒冷用作展览，其他的送交皇帝，以表彰他在促进基督教的传播这件事上的丰功伟绩。

总的来说，在耶稣死后的三个世纪，君士坦丁和海伦娜在事实上把罗 43
马的巴勒斯坦行省改造成了基督教圣地。公元335年，帝国东部的主教聚集在耶路撒冷，庆祝新的基督教建筑的正式落成，标志着转型的成功。随之而来的是朝圣的滚滚人流。

跟随着海伦娜前往耶路撒冷的基督徒旅行者，受惠于已有的罗马运输基础设施。海伦娜也是利用这些设施穿过安纳托利亚的。在 333 年，由在海伦娜之后第一位前往耶路撒冷朝圣的编辑而成的记录，为我们提供了许多信息。这位佚名的朝圣者被称为“波尔多朝圣者”。他从高卢（法国）的大西洋海岸出发，从陆路的罗马大道穿过意大利北部和多瑙河谷抵达君士坦丁堡。这场旅行行程有 2 200 英里左右，他花了 3 个月走完。从君士坦丁堡，他沿着海伦娜的脚步，沿着安纳托利亚的罗马军用道路抵达安条克和耶路撒冷。这又是将近 1 200 英里，又花了他 2 个月左右的时间。

我们对“波尔多朝圣者”前往耶路撒冷的旅行知之甚详，因为他对他的路线和他沿途停下来的地方都做了详细的记录。这可能是为了今后的朝圣者的方便（他的回程旅行的记录则不太完备。和许多其他旅行者一样，他可能认为回程没有什么值得记录）。这份行程记录最珍贵的地方，在于记录了 4 世纪时罗马的陆路运输系统。尽管他是因为私人目的，而非公务旅行，但是波尔多朝圣者休息停留的地方都是罗马驻扎的哨站和旅店。这说明帝国的交通系统依然在有效运行，并如对帝国官员一样地向私人开放。

在波尔多朝圣者进行旅行的之后数个世纪中，前往圣地的基督徒旅行者数量大增。尽管史料的确让我们无法得出一个确切的数字，但是有一个倾向明确地证明了这个论点，那就是接待基督徒旅行者的网络有明显的增长。凯撒利亚的主教巴西尔（公元 330—379 年）可能促成了这个趋势。他在中安纳托利亚的罗马干道上，为基督徒旅行者建立了一个大型客栈，并且鼓励在其他地方建立类似的机构。

富有的罗马上流社会女性们，积极地响应了巴西尔关于建立为朝圣者服务的机构的想法。公元 4 世纪 80 年代，一位名为老梅兰妮的罗马贵族女性和她的宗教伙伴阿奎拉的鲁费努斯，在橄榄山为基督教朝圣者建立了一所客栈。在十年之间，第二位罗马贵族女性保拉，与她的宗教伙伴
44 圣哲罗姆，在伯利恒为朝圣者建立了一所客栈。不久之后，在公元 5 世纪 20 年代到 30 年代之间，梅兰妮的曾孙女小梅兰妮接管了橄榄山的客栈。在公元 5 世纪 40 年代到公元 50 年代，皇帝狄奥多西二世的皇后欧多西亚资助了一项在耶路撒冷周边的建筑工程，其中包括了两座新的修道院（一

般修道院都会为朝圣者提供住宿）和一座声名鹊起的教堂，用来存放第一位基督教殉道者圣司提反的遗骨。

基督教客栈，被称为“陌生人的庇护所”（*xenodochia*），有时与早先的希腊和罗马旅店有些相像。这三种建筑都向旅客提供住宿、餐饮的服务，并为马匹和驮畜准备马厩。这三种机构也都帮助文化间的交流，但是也加剧了疾病的传播。然而，希腊和罗马的旅店是由世俗的政权，为了政治、军事和经济上的目的而建立。“陌生人的庇护所”则是由基督教领袖和俗人为了宗教目的而设立的。朝圣者被鼓励进行经济上的捐助，补足他们的居住花费，但是基督教客栈由修士们设立，而他们主要的收入来自于教会的资金和富有的世俗赞助者们，就像两位梅兰妮和保拉（以及一些皇帝和皇后）的捐助。

尽管在为基督徒旅行者建立辅助设施上贡献巨大，我们只能“透过黑暗的玻璃”来了解上文论述过的四位罗马女性，因为没有留下关于她们活动的任何记载。我们所了解的，她们在促进朝圣上所做的重要贡献，全是来自于她们同时代人，例如圣哲罗姆对于保拉的记述的作品。然而我们的确拥有一份极其重要的记录，由公元 4 世纪的一位女性朝圣者所写。她名叫艾格莉亚，是一位高卢或是西班牙的罗马女贵族。381—384 年她拜访圣地，并且就她的活动和观察撰写了一份详细的报告。

在结束对圣地的拜访后不久，艾格莉亚就用一封长信记录了她的经历。这封写于君士坦丁堡的信，本来是写给她在家乡的一群虔敬的妇女的。只有部分的文献留存了下来。其中的一半是对耶路撒冷宗教活动巨细无遗的描写，例如在圣墓教堂和其他圣殿进行的虔诚的活动。这部分的信件让我们了解到君士坦丁和海伦娜是如何在这个世纪的早些时候努力地“基督教化”耶路撒冷的。另外半封信则向我们提供了一幅关于艾格莉亚在巴勒斯坦、西奈地区和安纳托利亚旅行的生动图景。

当她在圣地的时候，艾格莉亚似乎把耶路撒冷当做了活动据点。从圣城出发，她向西奈和巴勒斯坦的圣地进行了好几次旅行。她在修士的陪伴下，骑着驴子，借宿在修道院。在西奈，她徒步登上了西奈山的山顶，亲眼看到了据传是摩西获得十诫的地方。她也还去看了上帝与摩西对话的

45 那丛“燃烧的灌木”。在西奈半岛旅行一定十分艰辛。在这个地区的某段旅程中，她有士兵护卫，并寄宿在堡垒之中。这暗示着的确有被贝都因人攻击的危险。在西奈地区的中部，有一段道路消失了：

> 根本就没有路，四周只有沙漠的风沙。习惯于和他们的骆驼一起在此游荡的法兰奈特人（Pharanites）在各处为他们自己做了标记。白天他们跟着这些标记，晚上骆驼继续跟着这些标记。
>
> （*Egeria*, trans. Gingras, p.59）

在拜访了巴勒斯坦的数个《圣经》中的古迹之后，艾格莉亚离开耶路撒冷踏上归途。她沿着罗马大道向北抵达安条克，然后前往美索不达米亚，拜访位于艾德萨（Edessa）的使徒托马斯墓，和声名显赫的亚伯拉罕位于哈兰的故居。这两个地方位于现在伊拉克境内的底格里斯河上。在这段旅程中，她处于罗马帝国和萨珊波斯的边境，似乎她有时居住于罗马的旅店中。

回到安条克，艾格莉亚沿着穿过安纳托利亚前往君士坦丁堡。但是她还要顺路拜访一个重要的圣地，就是位于东安纳托利亚的圣德克拉。根据次经（非正典）的《保罗传》记载，德克拉是一位在保罗传教之后帮助他的贵族女士。她的圣地就在位于保罗的故乡塔苏斯（Tarsus）。艾格莉亚前往这个圣地的两天旅程似乎是她三年旅行的高潮。她发现这个地方被“数不清的男女修道隔间”所占据。她还遇到了一个“老相识”，执事玛达拿（Marthana）。她在耶路撒冷认识了这位女士，那时玛达拿负责管辖那里的修女。在短暂停留之后，艾格莉亚回到了塔苏斯，并向西沿着主要道路前往君士坦丁堡。手稿在她告诉家乡的朋友她想要去拜访位于以弗所附近的圣约翰的圣地之后中断了。她是否成行，或是她直接回到了家乡，我们无法得知。

结 论

就像我们在本章节中所看到的，从腓尼基人的时代，直到希腊人、罗马人和早期基督徒朝圣者，地中海和黑海地区的旅行有了一次大的扩张。政治稳定和贸易扩张可能是促进旅行增加的最重要的两个因素。在公元
200 年罗马和平结束之后，人们进行旅行的势头有所减弱。然而，到公元 3 46
世纪，旅行变得更为频繁，并且平均来说，距离更远。海伦娜和她之后的朝圣者提醒我们因为宗教（可能也有其他因素）而进行的长距离旅行，直到古典时代的最后，公元 500 年左右依然持续着，并且将会一直延续下去。

虽然旅行的频率增加和距离的增长是非常重要的发展，但是这并不是古典时代旅行的唯一进步。由波斯、亚历山大大帝和罗马人建立的帝国让旅行变得更为安全，但也受到更多的制约。腓尼基人和早期希腊人向我们展示了探险旅行和经济发展之间的联系。旅行的动机，总体来说增加了，而这（以及进步了的交通系统和更为稳定的政治系统）帮助解释了为何旅行得到了发展。最后，关于旅行的更为详细的作品开始出现，希罗多德就是个典型，但不是唯一的例子。这是一项重要的革新，不仅增进了旅行的效果，还能激起之后的旅行家的灵感。

延伸阅读

本章引文来自以下作品：

Lionel Casson, *Travel in the Ancient World*（Baltimore, Md.: Johns Hopkins Press, 1994）

Peter A. Clayton and Martin J. Price, eds, *The Seven Wonders of the Ancient World*（London and New York: Routledge, 1988）

Egeria: Diary of a Pilgrimage, ed. and trans. George E. Gingras（New York: Newman Press, 1970）

Ludwig Friedlander, *Roman Life and Manners under the Early Empire,* vol. I, trans. Leonard A. Magnus（London: G. Routledge, ca. 1907; reprint, New York: Arno Press, 1979）

*Herodotus: The Histories,*trans. Robin Waterfield, notes by Carolyn Dewald（Oxford and New York: Oxford University Press, 1998）

Homer: The Odyssey, trans. Robert fagles（New York: Penguin Books, 1994）

Xenophon: The Persian Expedition, trans. Rex Warner（London and New York: Penguin Books, 1972）

地中海

David Abulafia, ed., *The Mediterranean in History*（London: Thames and Hudson, 2003）

Fernand Braudel, *The Mediterranean and the Mediterranean World in the Age of Philip II,* 2nd ed. 2vols. trans. Sian Reynolds（New York: Harper and Row, 1972）

Peregrine Horden and Nicholas Purcell, *The Corrupting Sea: A Study of Mediterranean History*（Oxford: Blackwell, 2000）

47 腓尼基人和波斯人：公元前1000—前1500年

Maria Eugenia Aubet, *The Phoenicians and the West: Politics, Colonies and Trade,* 2nd ed., trans. Mary Turton（Cambridge: Cambridge University Press, 2001）

Pierre Briant, *From Cyrus to Alexander: A History of the Persian Empire,* trans. Peter T. Daniels（Winona Lake, Ind.: Eisenbrauns, 2002）

John E.Curtis and Nigel Tallis, eds,*Forgotten Empire: The World of Ancient Persia*（Berkeley, Cal.: University of California Press, 2005）

Glenn Markoe, *Phoenicians*（Berkeley, Cal.: University of California Press, 2000）

运输

Lionel Casson, *Ships and Seamanship in the Ancient World*（Princeton, N. J.: Princeton University Press, 1971; reprint with new material, Baltimore, Md.: Johns Hopkins University Press, 1995）

Robert J. Forbes, *Studies in Ancient Technology*, Vol.2, 2nd rev. ed.（Leiden: E. J. Brill, 1965）

——, *Notes on the History of Ancient Roads and their Construction*（Amsterdam, 1934; reprint, Chicago, Ill.: Argonaut, 1967）

David F.Graf. 'The Persian Royal Road System,' pp.167–89 in Heleen Sancisi-Weedenburg, Amelie Kuhrt, and Margaret Cool Root, eds, *Achaemenid History,* vol. VIII: *Continuity and Change*（Leiden: NINO, 1994）

Donald Hill, *A history of Engineering in Classical and Medieval Times*（London: Croom Helm, 1984; reprint, London and New York: Routledge, 1996）

Sean McGrail, *Boats of the World: From the Stone Age to Medieval Times*（Oxford: Oxford University Press, 2001）

Charles Singer *et al.*, eds, *A History of Technology,* vol.2: *The Mediterranean Civilizations and theMiddle Ages c. 700 BC to C. AD 1500*（New York: Oxford University Press, 1954）

K.D. White, *Greek and Roman Technology*（Ithaca, N.Y.: Cornell University Press, 1984）

古典时代的地中海旅行

M. Cary and E. H. Warmington,*The Ancient Explorers*, rev. ed.（Baltimore, Md.: Penguin Books, 1963）

Lionel Casson,*The Ancient Mariners: Seafarers and Sea Fighters in the Mediterranean in Ancient Times,* 2nd ed.（Princeton, N. J.: Princeton Univeristy Press, 1971）

——, *Travel in the Ancient World*（Baltimore, Md.: Johns Hopkins Press, 1994）

东方和种族主义

Benjamin Isaac, *The Invention of Racism in Classical Antiquity*（Princeton,

N.J.: Princeton University Press, 2004）

Edward W. Said, *Orientalism*（New York: Vintage Books, 1978）

Frank M. Snowden, Jr., *Before Color Prejudice: The Ancient View of Blacks*（Cambridge, Mass.: Harvard University Press, 1983）

48 ### 希腊和希腊化时代的旅行

John Boardman, *The Greeks Overseas: Their Early Colonies and Trade,* 4th ed.（New York: Thames and Hudson, 1999）

Barry Cunliffe, *The Extraordinary Voyage of Pytheas the Greek*（New York: Walker & Co., 2002）

Jeannine Davis-Kimball, with Mona Behan,*Warrior Women: An Archaeologist's Search for History's Hidden Heroines*（New York: Warner Books, 2002）

Matthew Dillon, *Pilgrims and Pilgrimage in Ancient Greece*（London and New York: Routledge, 1997）

Donald W.Engels. *Alexander the Great and the Logistics of the Macedonian Army*（Berkeley, Cal.: University of California Press, 1978）

Francois Hartog, *The Mirror of Herodotus: The Representation of the Other in the Writing of History,* trans. Janet Lloyd（Berkeley, Cal.: University of California Press, 1988）

Frank L. Holt, *Alexander the Great and Bactria: The Formation of a Greek Frontier in Central Asia*（Leiden and New York: E. J. Brill, 1989）

Klaus Karttunen, *India in Early Greek Literature*（Helsinki: Puna Musta, 1989）

Adrienne Mayor, 'Mad Honey!' , *Archaeology* 48（1999）: 32– 40

Margaret C. Miller, *Athens and Persia in the Fifth Century BC: A Study in Cultural Receptivity*（Cambridge and New York: Cambridge University Press, 1997）

Renate Rolle, *The World of the Scytbians*, trans. F.G. Wells（Berkeley,

Cal.: University of California Press, 1989）

James Romm, *Herodotus*（New Haven, Conn.: Yale University Press, 1998）

Jean W. Sedlar, *India and the Greek World: A Study in Cultural Transmission*（Totowa, N. J.: Rowman & Littlefield, 1980）

Arnold J. Toynbee, *Between Oxus and Jumna*（New York and London: Oxford University Press, 1961）

Robin Waterfield, *Xenophon's Retreat: Greece, Persia and the End of the Golden Age*（Cambridge, Mass.: Harvard University Press, 2006）

Michael Wood, *In the Footsteps of Alexander the Great*（Berkeley, Cal.: University of California Press, 1997）

罗马人的旅行

Colin Adams and Ray Laurence, eds, *Travel and Geography in the Roman Empire*（London and New York: Routledge, 2001）

Anthony R. Birley, *Hadrian: The Restless Emperor*（London and New York: Routledge, 1997）

M.P. Charlesworth, *Trade-Routes and Commerce of the Roman Empire*, 2nd ed., rev.（London, 1926; reprint, Chicago, Ill.: Ares, 1974）

Peter A. Clayton and Martin J. Price, eds, *The Seven Wonders of the Ancient World*（London and New York: Routledge, 1988）

Daniela Dueek, *Strabo of Amasia: A Greek Man of Letters in Augustan Rome*（London and New York: Routledge, 2000）

Linda Ellis and Frank L.Kidner, eds, *Travel, Communication and Geography in Late Antiquity*（Aldershot and Burlington, Vt.: Ashgate, 2004）

Ludwig Friedlander, *Roman Life and Manners under the Early Empire*, 49
vol. I, trans. Leonard A.Magnus（London:G.Routledge, ca.1907; reprint, New York: Arno Press, 1979）

E. D. Hunt, *Holy Land Pilgrimage in the Later Roman Empire, AD 312–*

460（Oxford: Clarendon Press, 1982）

Jerome Murphy-O’ Connor, *Paul: His Story*（Oxford: Oxford University Press, 2004）

Tony Perrottet, *Route 66 AD: On the Trail of Ancient Roman Tourists*（New York: Random House, 2002）

原始资料

Apollonios Rhodios,*The Argonautika: The Story of Jason and the Quest for the Golden Fleece,* trans. Peter Green（Berkeley, Cal., University of California Press, 1997）

Arrian, *The Campaigns of Alexander,* rev. ed., trans. Aubrey de Selincourt（London and New York: Penguin Books, 1971）

Michael D. Coogan, ed., *The New Oxford Annotated Bible*, 3rd ed.（New York: Oxford University Press, 2001）

Robert Drews, *The Greek Accounts of Eastern History*（Washington, D.C.: Center for Hellenic Studies, 1973）

Egeria: Diary of a Pilgrimage, ed. and trans. George E. Gingras（New York: Newman Press, 1970）

Herodotus: The Histories, ed. Carolyn Dewald, trans. Robin Waterfield（Oxford and New York: Oxford University Press, 1998）

Homer: The Odyssey, trans. Robert Fagles（New York: Penguin Books, 1994）

John W. Humphrey, John P.Oleson, and Andrew N. Sherwood, eds, *Greek and Roman Technology: A Sourcebook*（London and New York: Routledge, 1998）

R. C. Majumdar, ed., *The Classical Accounts of India: The Greek and Roman Accounts of Ancient India*（Calcutta: Firma KLM, 1981）

Pausanias, *Guide to Greece,* 2 vols., trans. Peter Levi（London: Penguin Books, 1979）

Plutarch, *The Age of Alexander,* trans. Ian Scott-Kilvert（London and New York: Penguin Books, 1973）

Xenophon: The Persian Expedition, trans. Rex Warner（London and New York: Penguin Books, 1972）

第四章

中国、中亚和丝绸之路的开通：公元前200—公元500年

导言

50 在本章中我们会对古典时期的旅行做另一次在地理意义上更为广阔的扫视。本章的主题是，在公元前1世纪，中国和中亚的旅行家是如何在现在的印度和阿富汗与罗马和中东的同行相遇的。尽管这些相遇并不是中国与地中海地区最早的接触——新的证据表明早在公元前6世纪他们就有有限的交流——但明显的是这些有限的联系已经在公元前1世纪大大增加了。到了这个时候，儒家学者和罗马元老院议员——两者之间相距5 000英里——通过不断扩展的道路、小径和海道非直接地相互连接在一起。在过去，这个系统一直被称为丝绸之路。

一系列的人物在古典时代亚洲旅行的扩张中扮演了显要的角色。印度商人在公元前1世纪开始通过海洋远航触及东南亚。而很快东南亚的商人，从印度尼西亚等地也加入了海洋远航的队伍。中国人远航至印度；有一个中国皇帝还派出了一支远征队，为他的动物园获取了一只犀牛。罗马人也航行到印度。他们从红海的港口出发，寻求香料，尤其是胡椒。在其高峰期，罗马帝国每年组织远航，而有些罗马商人索性定居在南印度。我们将会在本章末尾考察这些旅行。

但是古典亚洲的重要旅行——当然是拥有最清晰记载的旅行——是陆路旅行。中国在这里起了领头作用。在这里，正式的国家政策比古典地中海地区在促进旅行上起到了更为重要的作用。但是中国也产生了某些前近代旅行史上最伟大的探险家。对于动机和结果的探寻是研究这部分世界史不可能回避的问题。

为了了解本章主题的背景，我们从考察中国在秦始皇统治时期的旅 51
行开始。他是中国第一个皇帝（公元前 221—前 210 年在位）。他的某些政策开创了中国人进行更为频繁、距离更长的旅行的新时代。之后我们继续考察在后继的汉王朝的两个皇帝，汉王朝的创立者汉高祖（公元前 202 —公元前 195 年在位）和汉朝最伟大的统治者汉武帝（公元前 140 年 —前 87 年在位）。这两个皇帝的政策对于在中国建立新型的旅行不可或缺。新型的旅行包括穿过西部边境直达中亚，正是这种旅行最终把中国当时的首都长安和罗马连接在了一起，开通了丝绸之路。

本章的关键部分将会把汉武帝时代伟大的外交使节张骞非同凡响的旅行作为中心。他是第一个在中亚各民族间长途跋涉，并写下文字记载的中国人。张骞为汉武帝提供了中亚民族的各种情报，这刺激了皇帝将中国的力量向西伸展。中国的士兵、外交官和商人很快就以前所未有的规模向西进发。同样，中亚的外交官、商人和传教士也开始涌入中国。

在中亚和中国之间增加了的联系中，最重要的方面之一就是两个地区间贸易的增长。在兴隆的商业活动中，其中心是中国丝绸的出口。到公元前 1 世纪，相当数量的中国制丝绸开始在罗马出现。我们可以把这个新发展视为丝绸之路开通的结果。本章将会以分析丝绸对罗马越来越明显的重要性，并列举一位向东前往中国的罗马旅行者作结。

中国国家政策和旅行

摆在我们面前的是东亚漫长历史中的一个关键转折，就是在公元前 221 年中央帝国的建立。在这个时期之前，现在的中国地区在政治上还有没有统一。公元前 1600 —前 1100 年左右，商朝的国王们统治着大部分的黄河地区,但是他们的权力没有抵达南方。商的后继者周朝在公元前1100 —前 750 年在黄河地区实行统治,但是在公元前 750 年之后,周朝的权力开始衰退。他们的王国逐渐分裂成更小的,能够实行更有效统治,同时互相激烈竞争的小邦。

在公元前 3 世纪,随着周王室的衰落,秦这个最西边的国家开始崛起。它开始在与敌对国家的战斗中占上风。这部分得益秦国在与附近的游牧民族作战的经验。秦国的统治者,之后被称为始皇帝,也就是“第一个皇
52 帝”,率领着他数量庞大、训练有素并装备着新锐铁兵器的步兵,在黄河流域和南方得胜。结果到了公元前 221 年,秦国已经征服,并开始统治现在中国的大部分地区(西藏和新疆的西部是两个主要的例外)。

始皇帝统一中国的成就,标志着东亚旅行史的重要转折。根据中国第一位伟大的历史学家司马迁(公元前 145 —前 87 年)的记载,始皇帝标志性的工程之一就是建设五条像树枝一样分叉的“驰道”。这些道路把他位于咸阳的首都(靠近现在的西安)同东部、南部和北部的城市连接在一起(通往西方的道路较少)。这些道路,在秦朝时总长就已经超过4 000 英里,是由征募的农民和囚犯的混合劳动力大军建成的。

公元前 178 年,汉朝的政府官员如此描述始皇帝的功绩:

> 始皇帝下令,在帝国的各处建设附有哨站的道路,东至齐与燕的边境,南至吴与楚的极限,跨过河流和湖泊,沿着海岸;因此道路四通八达。这些道路有五十英尺宽,每三十英尺就要栽种一棵树。道路的边沿造得厚实而坚固,并且有金属包边。而栽种的绿色松树则赋予这些道路以美感。
>
> (Cotterell, *China*, p. 171)

汉朝的皇帝继承并发展了秦初的道路系统,因此到公元 2 世纪末,中国已经拥有了由总长为 22 000 英里的,铺设过的道路组成的网络(同时代的罗马帝国道路总长为 48 000 英里)。中国的道路的宽度似乎各不相同,有时还包括了一条皇帝专用的中央车道。上文引用的汉朝官员的报告中提到,道路的宽度是 50 英尺(相较之下,罗马道路的平均宽度是 15 英尺

到 18 英尺)。但是这个标准似乎用在首都附近的道路上。在边缘地区，道路可能更窄。尽管汉朝官员所描述的道路不像罗马人建造的道路那么结实，但是在现在的中国北部，还能看到以前秦汉时期遗留下来的道路残段。

建立帝国道路网络的关键原因之一，是始皇帝和后继的汉朝皇帝需要把他们的士兵派往各地边境。这就像更早的时候波斯道路网络一样。汉朝官员所暗示的第二个考虑，则是皇帝的敕令需要送到各省，皇帝也需要知道距离首都非常遥远的地方的信息。到公元 2 世纪末，中国皇帝统治 53
着 5 000 万人，这些人分布在超过 150 万平方英里的土地上。相应的，就像之前的波斯人，和同时代的罗马人一样，秦汉的皇帝也建立了一套精密的信使系统，来进行帝国范围内的通行。而质量优良的道路是这套系统成功运转的关键。

在汉朝中期，这套以骑马和徒步的信使们组成的通信网路变得非常复杂。就像我们在第三章中所看到的，罗马系统有两种不同的驿站，一种用来更换新的坐骑，一种用来提供过夜的住宿。而中国的网络则有三种不同的设施，它们之间的间隔比罗马的设施还要短。在中国道路上，用来保存信使携带的信息记录的邮局，每隔数里就有一个。信息通常都写在薄木条和有特殊弹簧锁的竹签筒里。区间哨站是驻守道路的士兵的大本营，通常每隔 6 英里就有一个。而驿站是供信使更换坐骑和过夜住宿的地方，每 10 英里设一个。驿站还附有运送在押犯人使用的牢房。有些私人开设的驿站还供没有公职的旅行者使用。

中国道路网络在地理上空间广阔。到公元前 77 年，信息可以通达从位于现在新疆维吾尔自治区的楼兰到现在缅甸的边境的各地。到公元 1 世纪末，热带水果，比如产于中国南部广东一带的荔枝，就由信使带往在长安（现在的西安）的宫殿。其间的距离有 1 200—1 300 英里。

我们没有秦汉时期信使速度的记载，但是之后唐代的记载可以用作参考。在唐代（618—907），在帝国道路上奔驰的马匹每天最快可以走 150 英里。这个速度可能与秦汉时期差别不大。类似的，在唐朝，信使通常在 9 天到 14 天内，完成从首都长安到中国南部的广州（“荔枝道路”），总长 1 200—1 300 英里的旅程。秦汉时期可能也是这个速度。

道路系统的第三个功用，是让皇帝们可以游览并视察他们的国度。就像罗马所显示的一样，“帝国道路”是向距离首都很远的地区展示权威的重要方式。皇帝的巡游还用来获取信息。在始皇帝在位时，他向中国北
54 部的关键地区进行了五次这样的考察。每一次这样旅行中他都有数量庞大的官员随从，形成了一列长长的车马队，士兵们则徒步。在路上的每一站，地方官员都负责照顾起居饮食。

始皇帝的数次出巡还包括了前往中国人认为的圣山进行朝圣（泰山封禅）。在始皇帝之前，人们就认为中国北部有五座神圣的山峰。其中最受人崇敬的是位于山东省的泰山。为何崇拜山岳，其原因尚不得知。有一种假说认为中国人生活在低地，因此把山峰看作是他们天然的保护者。

在他于公元前220年第一次出巡的时候，始皇帝巡查了帝国西部的领土。这可能是因为这片领土特别容易受到游牧民族的攻击。一年之后，他对东部的省份进行了一次详细的巡查。这次出巡，他攀爬了包括泰山在内的五座山峰。当他在泰山上时，始皇帝进行了祭天与祭地的神圣仪式，分别被称为“封”和“禅”。在离开泰山之前，他还让人刻石表彰他的功绩。在他在位期间，始皇帝还进行了另外三次旅行，包括拜访圣山。在公元前210年，他所进行的第三次旅行中，他去世了。但是他依然还要进行一次旅行。因为始皇帝的臣子害怕会有反对皇权的起义，在回到首都，等皇子继位之前，他们决定秘不发丧。如下是司马迁关于此事的描写：

> 棺载辒凉车中，故幸宦者参乘，所至上食。百官奏事如故，宦者辄从辒凉车中可其奏事。独子胡亥、赵高及所幸宦者五六人知上死。……行，遂从井陉抵九原。会暑，上辒车臭，乃诏从官令车载一石鲍鱼，以乱其臭。行从直道至咸阳，发丧。太子胡亥袭位，为二世皇帝。
>
> 司马迁《史记·秦始皇本纪》
>
> （Sima Qian，*Qin Dynasty*, pp.62—63）

55 尽管胡亥成了秦二世，但是秦朝廷臣的恐惧还是成真了。在数年之内，一场推翻了二世皇帝的武装革命建立了汉朝（公元前202—公元220年）。非常有趣的是，汉高祖刘邦，这位反秦大军的领袖、汉朝的第一个皇

帝，原先是监察秦朝公路系统的一个基层官员。

* * *

然而高祖皇帝刚掌权时，似乎没有在他曾经监管的道路方面花太多的时间。除了巩固内部的权力之外，他所面临的紧迫挑战中最严重的方面在于外交政策，也就是匈奴，这个以蒙古为基地的游牧民族，不断增长的军事威胁。在他们的“单于”（王）冒顿（公元前209—前174年在位）的领导下，冒顿已经把中国北部草原的许多游牧民族联合成了一支训练有素的骑射大军。为了应对这种令人忧心的情况，高祖率领一支农民军部队前往北部边境地区。双方激烈交战，而匈奴获胜。他们甚至差点就活捉了皇帝。在这场大败之后，高祖与匈奴达成了富有历史意义的和平协议，而这份汉朝与游牧民之间的协议，规范了之后数个世纪双方之间的关系，并且对于中国前往中亚的旅行具有深远影响。

由于曾经被匈奴击败，高祖为了取得和平不可避免地要做出重大让步。其中的一项条款，被汉朝人称为“和亲”，保证两国不互相越界。这条可能会是谈判中汉朝的主要目标。而剩下的三条则是游牧民族的目标：（1）双方互为平等；（2）汉朝需要每年向游牧民族提供丝绸、酒、稻米和其他物资作为“礼物”；（3）汉朝需要把一位“公主”（宫廷中的女子），送给游牧民，成为单于的妻子之一。

“和亲”规范了汉朝和游牧民族之间关系的基本框架。虽偶有打破，但是这个框架依然持续了150年左右。这也标志了中国向中亚旅行的开始。在协议生效之前，鲜有证据表明汉朝人向西北方的中亚草原进行旅行。早先表明中国人有如此做的史料证据之一是商周时期墓葬中玉制礼器的出土。这些器具的原材料并不是中国原产，它们来自于远离商周西部边境的塔克拉玛干沙漠地区的一条河流。

我们尚不能清楚地了解塔克拉玛干地区的玉石是如何运到黄河流域 56
的，其间的距离起码有1 200英里。中国或是塔克拉玛干地区的商人带着玉石完成这个距离的旅行似乎不太可能。可能性更大的假说是这些玉石通过某个中间商，或是第二章希罗多德所描述的线线交易系统进行运输。在这个系统中，商品，通常是奢侈品，通过从某个团体到某个团体，而非长距离旅行者，进行长途运输。

西汉和匈奴之间和亲政策的实行，给我们提供了中国人旅行的详细数据。为了兑现条约，皇帝需要给匈奴人大量的丝绸和其他物资，这些东西可能通过商队抵达边境。在那里他们可能卸下货物交给游牧民族。我们尚不知道是否有些商队跨过边境地区，进入草原进行交接，但是不能排除这种可能性。

然而毫无疑问，进行旅行的汉朝人中有那些依据条约被送给新的单于的汉朝公主。这些宫廷女子和她们的侍从可能是实际文献数据记载的、最早的前往中亚的旅行家。尽管留存的关于她们的文献非常少，我知道她们前往中亚的草原，这一去不回的旅程对于中国诗人来说非常有吸引力。历史学家班固（公元 32 —92 年）为我们记录了其中一首诗歌。这是在公元前 2 世纪晚期，一位被送往靠近现在哈萨克斯坦的巴尔克什湖的乌孙部落的女子细君所做：

吾家嫁我兮天一方，
远托异国兮乌孙王；
穹庐为室兮旃为墙，
以肉为食兮酪为浆；
居常土思兮心内伤，
愿为黄鹄兮归故乡。

（Watson, *Early Chinese Literature,* p.286）

这首生动地表达了中国人鄙视游牧民族的诗歌，是我们所知的关于细君公主生平的唯一资料。

58 这位跨文化旅行的中国先驱，大概在乌孙的宫廷中终老一生。

汉武帝和张骞

派出细君公主和亲的皇帝是汉武帝（公元前 140—前 87 年在位）。他长时间的统治在许多意义上都是汉朝的关键时期。正是他对待游牧民

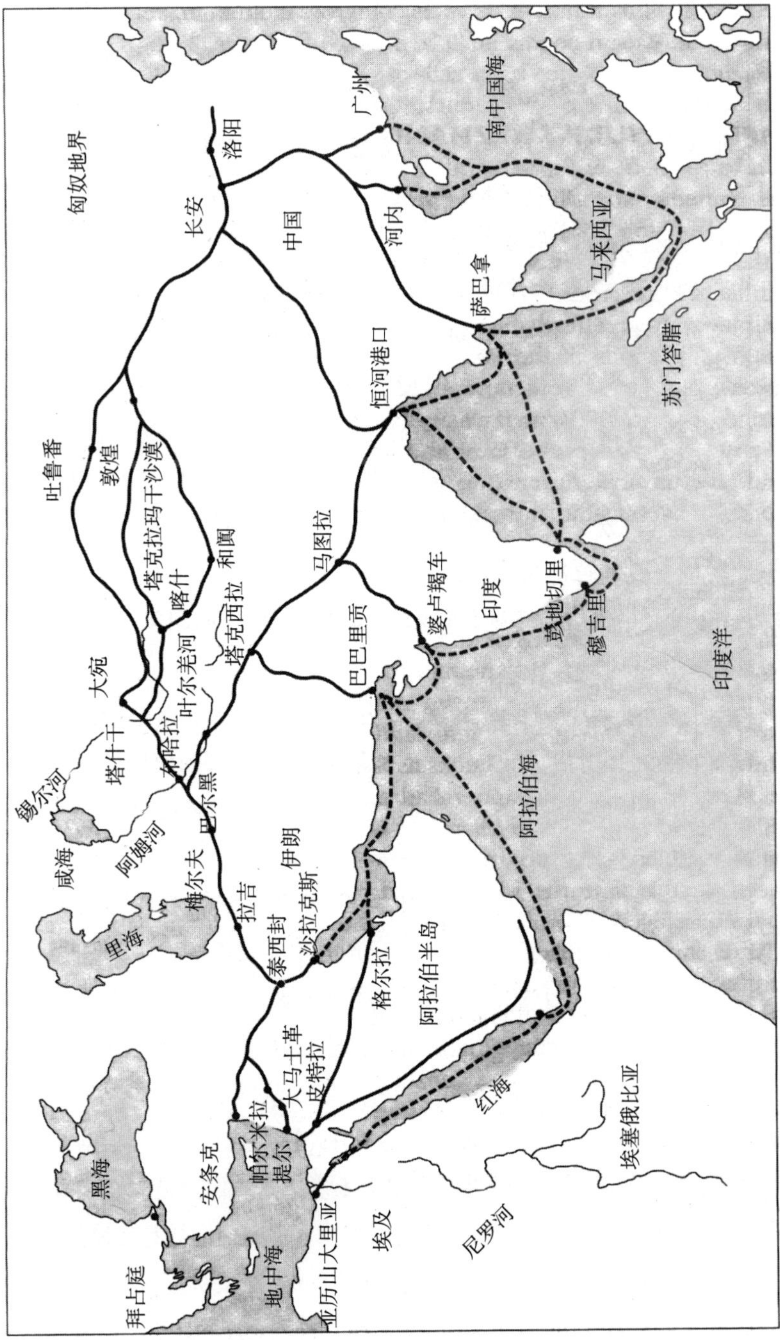

匈奴地界
洛阳
广州
南中国海
长安
中国
河内
马来西亚
萨巴拿
苏门答腊
恒河港口
吐鲁番
敦煌
塔克拉玛干沙漠
和阗
喀什
马图拉
婆卢羯车
印度
鼓地切里
穆吉里
印度洋
大宛
叶尔羌河
塔克西拉
巴巴里贡
布哈拉
塔什干
锡尔河
巴尔黑
阿姆河
咸海
梅尔夫
伊朗
阿拉伯海
拉吉
沙拉克斯
里海
泰西封
格尔拉
阿拉伯半岛
大马士革
皮特拉
帕尔米拉
提尔
黑海
安条克
红海
埃塞俄比亚
拜占庭
地中海
亚历山大里亚
埃及
尼罗河

图2　丝绸之路

族的政策，促进了中国前往中亚的旅行。在汉武帝统治的早年，他对本国军队的能力非常有信心，而对匈奴不时违反“和亲”的条款感到愤慨。所以他对游牧民族发起了一项新的更为激进的政策。这种新的“进取型”姿态意义重大。因为这样中国的军事力量就进入了中亚腹地，直接导致了丝绸之路的开通。让我们开始检视汉武帝的政策及其对于中国前往中亚旅行的重要影响。这里我们要再一次地引用司马迁的作品。

根据司马迁的记载，汉武帝希望通过与其他的可能从攻打匈奴中获益的游牧民族结成联盟来击败匈奴人。为了实现这个战略，汉武帝决定大胆行动。他宣布准备派遣一个外交使节团深入中亚地带，与游牧民族大月氏结成反匈奴联盟。大月氏位于现在的乌兹别克斯坦境内的草原，也就是波斯和希腊人称为粟特（Sogdia）的地方。在第三章中已经论述过，在两个世纪之前，亚历山大曾经在此地激战，并且留下了守卫以及新的城市。这个地方位于汉朝首都长安以西 2 500 英里，之前从来没有中国人前往。的确，这个时候中国人对于他们边境以西只有最模糊的印象，通常还都环绕着神话和传奇的迷雾。

汉武帝选择大月氏作为潜在的盟友，是因为他从审讯匈奴战俘的时候得知匈奴和大月氏是对手。根据他的消息来源报告，匈奴最近俘虏了大月氏王，并且把他的头骨做成了酒杯。在受到如此的羞辱之后，大月氏向西逃到了乌兹别克地区。

汉武帝希望能够利用两个游牧民族之间的仇恨，寻找能够领导前往大月氏的外交任务的志愿者。在这些回应了皇帝号召的人中间有一个名叫张骞的官员。他以“力量、决心和大方”而闻名，张骞被选为使节团的首领。而我们很快就会看到，他在之后会得到这三种美德中两种的极大帮助。

张骞在 100 多人的陪伴下踏上旅程。这支队伍中包括了一个名叫甘
59 父的匈奴奴隶。司马迁关于远征的记述中好几次都提到了他。根据司马迁的说法，甘父是一名熟练的射手。在粮食不多的时候他狩猎的技巧非常宝贵。在使节团进入中亚的时候，这个匈奴奴隶可能身兼向导和传译的角色。

司马迁没有提供我们任何有关张骞的和他的旅队旅行至中亚的细节。从长安向西的道路在汉武帝统治时期可能仅仅是一条小径罢了（就

像我们已经看到的那样，始皇帝专注于建设通往其他方向的道路）。唐朝时期（公元 618 —907 年）的一幅著名的画上，描绘了张骞与满载着行李的驮马离开首都的情景。也许他和其他人在马背上度过了大部分的旅途，伴随的还有各种背着干粮和装备的驮畜。当时已经在中国北部被驯化的大夏骆驼（双峰骆驼）弥足珍贵。因为它们拥有在没有水的情况下进行长途旅行的能力，并且体魄强健。一头成年的骆驼能够背负两个数百公斤的驮篮（大大超过了马或者驴的负重能力）。驮篮中的货物可能包含了珍贵的水。无论他们选择了何种动物，我们可以肯定使团向西行进，速度是每小时大约 3 英里，每天最多走 25 英里。至于晚上的住宿，在抵达中国边境之前，使团可能依靠当地官员的安排，之后他们就要靠自己了。可能他们的驮畜就带着帐篷。

司马迁也没有告诉我们任何有关于张骞和他的使团向西取道哪条路线。然而，我们有相当的自信认为，他与当代中国人从西安向西旅行所乘坐的火车、巴士和越来越常见的汽车使用的是同一条路线。我们可以想象张骞和他的使团沿着中国的主要道路向西，摆渡渡过黄河，向北进入兰州。他们将会通过甘肃走廊向西北方向前进，直达可怕的塔克拉玛干沙漠（其名字的意思是“有进无出”）和汉帝国的西部边疆。

我们不能确定他们从中国边境出发，穿过中亚的哪条道路。他们可能沿着某条向北或是向南，绕过塔克拉玛干沙漠的道路。他们在沿途的绿洲停下，进行补给和休息。而他们可能决定走北边的那条路。这样他们会穿过伊犁河谷的繁茂草地。然而北边的道路有一个非常大的缺陷：他们会更有可能成为游牧部落的牺牲品。而正好不巧，这就是发生在中国旅行者身上的事情。

司马迁告诉我们，张骞和他的使节团在向西路途中，被匈奴和他们的 60
下属俘虏了十年。在这期间匈奴还给张骞找了妻子，他还有了孩子。然后，在游牧民中间待了十年之后，张骞、他的老婆和孩子、他的奴隶甘父，也许还有其他的原来就与他一起旅行的成员，从匈奴人那里逃出来了。张骞和他的同伴令人吃惊地继续向西旅行，而不是踏上归途，两手空空地见汉武帝。

在向西旅行了二十或三十天之后，他们抵达位于水草肥美的费尔干纳河谷的中亚小“国”大宛。这个国家距离汉朝的首都有 2 000 英里，而此地现在是吉尔吉斯斯坦、塔吉克斯坦和乌兹别克斯坦三国交界处。根据司马迁的记载，整个使节团受到了国王的欢迎。这个国王也表达了希望与汉朝建立外交关系的意愿。根据司马迁的记载，张骞保证如果大宛国王能够指出前往大月氏的道路，那么会收到汉朝“数不尽的礼物”。国王提供了继续旅行所需要的向导和翻译。

在他的旅程开始十多年之后，张骞抵达了位于乌兹别克（粟特）草原的大月氏故乡。司马迁告诉我们，张骞与大月氏的统治者会面，并提出了联盟对抗匈奴的邀请。但是大月氏的领袖毫无兴趣，因为他的土地现在“富饶而肥沃，并且很少受到入侵者的滋扰”。为何要同强大（而且遥远）的匈奴开战？但是汉朝外交使节还没有放弃。司马迁告诉我们，大月氏已经在阿姆河（奥克苏斯河）以南的大夏地建立了政权。该地位于现在阿富汗和巴基斯坦北部。而该地区的北部则被波斯人和希腊人称为巴克特里亚；而他们把此地南部称为干陀罗。渡过阿姆河之后，张骞和他的队伍在北阿富汗生活了一年。张骞也许认为，如果他们在大月氏的领地待一段时间，也许国王会改变主意，同汉朝结盟。也许他意识到他向西的旅行已经接近终点，他渡过阿姆河只是因为好奇。

张骞在阿姆河以南的那一年间的行动我们不得而知，但是我们知道一件有趣的事情：他拜访了巴尔克。这座巨大的绿洲城市和商业集散中心，曾经是亚历山大在这一区域的首都。在巴尔克的市场中，张骞看到了中国西南部所产的竹杖和布匹。当他询问这些中国商品是如何抵达这里的时候，他被告知：“我们的商人从身毒（印度）买到它们。”这是最早的文献记载，证明有一条从中国西南部前往印度，然后继续到中亚的贸易通道存在。

61 一年过去了，而大月氏的国王依然没有对汉朝的提案表现出任何兴趣。于是张骞决定回到中国的首都。司马迁告诉我们，他踏上归途时选择了一条靠南的路线——毫无疑问是为了避免再一次被匈奴捉住。尽管他们已多加小心，但张骞和他的队伍又一次被匈奴捉住了。然而这第二次被俘只持续了一年。在一次匈奴的内部纷争中，张骞、他的妻子和已经不是奴隶身份的甘父从匈奴那里逃跑，继续向中国首都进发。

公元前126年，从中亚出发13年之后，张骞回到汉朝首都。这时候他已经整整旅行了超过6 000英里。原先的使节团有100多位成员，但是只有张骞和甘父幸存了下来。为了表彰他们非同凡响的努力，汉武帝赐给了他们两个职位。张骞升职为太中大夫，甘父则被封为“奉使君”。

张骞的报告

尽管张骞没有能够与大月氏结成同盟，对于汉武帝来说，他的旅行依然意义重大。张骞把中国人最早的记载关于中亚地区的土地和民族的第一手资料带回了首都。在某些意义上，张骞提交给汉武帝的记载了他对于中亚的详细观察的报告，可以比作公元1 500年左右克里斯托·哥伦布写给西班牙统治者介绍加勒比海地区情况的信件。事实上，张骞最重要的成就，是为中国人“发现了”中亚。让我们现在看看由司马迁总结的报告（其全本早已佚失）。

张骞的报告读起来像是精心写作的情报备忘录，以告诉皇帝他所拜访过的，或是从别人那里听说地区的军事、政治和经济情况。就像我们在第三章中看到的，希罗多德似乎部分是为了娱乐才进行旅行。但是在张骞的报告中看不出这种迹象。这位中国使节记录下的全是公务。例如这里是他关于费尔干纳河谷的著名选段：

> 大宛在匈奴西南，在汉正西，去汉可万里。其俗土著，耕田，田稻麦。有蒲陶酒。多善马，马汗血，其先天马子也。有城郭屋室。其属邑大小七十余城，众可数十万。其兵弓矛骑射。
>
> 司马迁《史记·大宛列传》
>
> （Sima Qian, *Han Dynasty*, Ⅱ, p.233）

从汉武帝的观点来看，有关费尔干纳的部分可能是这份报告的亮点。为了 62
实现他对匈奴的进攻政策，中国需要更为强壮的马匹以建立骑兵部队。汉武帝在牧场养马，但是它们不如游牧民族的马吃苦耐劳。从费尔干纳地区获取“汗血宝马”和“天马”帮助充实了皇帝的军备。

张骞报告的其他部分与费尔干纳的部分类似，其焦点在于对于皇帝野心勃勃的外交政策有利的事情上。在论述游牧民族中潜在的盟友时，像是乌兹别克草原上的大月氏和巴尔克什湖地区的乌孙，报告主要谈及他们的军事实力。

尽管张骞没有前往更远的印度、波斯或是美索不达米亚，但这些地方也都出现在他的报告里。其依据似乎是中亚当地的信息来源（未知）。他关于这些地区的简要记述——这是中国文献中首次出现这些地方——过于简略，因此没有太大的价值。但是在指出有连接中亚和这些地区的旅行网络的存在方面，已经足够了。作为张骞的旅行，和他递交给汉武帝的报告结果，这些网络的交通——现在已经延伸到了中国——很快就会进一步增加。

从“和亲”到朝贡系统

张骞出使西域是汉武帝新的对待匈奴的进取性态度的一个方面。汉武帝基于张骞报告中的信息，对匈奴开展了一系列军事进攻。皇帝的目标是把匈奴人赶离中国的西部边境，保证从长安向西到“天马”的故乡费尔干纳之间道路的安全。到公元前100年，在苦战之后，汉武帝达成了大部分的目标。塔克拉玛干沙漠边缘的绿洲被首次置于中国的控制之下。另外，中国也对费尔干纳地区取得了事实上的统治权。当地的国家现在成了中国的附庸。

汉朝军事力量的增长对于中国的旅行有显著的影响。司马迁告诉我们，随着中国在塔克拉玛干地区力量的增加，汉武帝向更远的西方派出了
63 许多使节，拜访潜在的盟友和在印度、波斯、美索不达米亚的贸易伙伴。尽管我们没有得到这些贸易的细节，司马迁的叙述依然非常富有启发性。根据他的记载，每年都有六到十个使团离开首都。其中通常包括了数百名成员，并要在路途上花费许多年。作为回应，中国使节团拜访的许多国家都向汉武帝的宫廷派出了他们自己的使者。

与中亚地区民族的频繁接触和交流导致中国发生巨大的改变。与费尔干纳地区的贸易商人带来了越来越多的"天马",增强了中国的骑兵部队并激发了诗人们的想象力。一首公元前101年的诗歌就承载了对于这种英俊动物的强烈喜爱之情,其作者可能是汉武帝本人:

天马徕,从西极,
涉流沙,九夷服。
……
天马徕,历无草,
径千里,循东道。
……
天马徕,龙之媒,
游阊阖,观玉台。

汉郊祀歌《天马》

(Waley, "*Heavenly Horses*", p.96)

汉武帝似乎相信,如果他死了,那么天马就能把他载到九天之上。这个看法在汉朝的贵族中非常流行。对于汉代古墓的考古发掘出土了大量大小不等的马雕像。也许,就像汉武帝一样,这些去世的人也相信他们的马能够将他们运送到幸福的来世。

在汉武帝之后的数十年间,马匹的进口速度加快了。为了巩固他们在塔克拉玛干地区的地位,汉武帝的继任者扩展了在汉武帝时期就已经开始建设的、主要道路边的一系列防御据点。直至今天还能看见这些建筑被风侵蚀的部分残骸。在绿洲中伫立着哨站,这样士兵就能自己种植粮食。在公元前60年,为了统和被征服领土上的政策,中国人设立了西域都护府。这些措施让汉武帝之后的那些皇帝能够牢牢掌控住塔克拉玛干地区,并导致了"和亲"政策的改变。

在公元前53年到公元前51年,汉朝和匈奴商定了规范双方关系的 64
新协议,这被汉朝人称为"朝贡"体系。依照新的框架,匈奴的单于不仅不会得到汉朝的公主,还要亲自或是派出代表前往皇帝的宫廷作为人质。另外，游牧民族的统治者也被迫将众子之一送往皇帝的宫廷作为人质。最后，单于还要“纳贡”，通常是马匹和牛羊。而作为交换，皇帝会给予黄金和丝绸的“礼物”。尽管在之后的数个世纪中，匈奴的军事力量逐渐衰落，但是这种规范了中国人和各个他们的游牧邻居的关系的朝贡体系一直持续到1750年（尽管有时会出现问题）。

朝贡体系明显是中国军事力量增长的产物，但是这种安排并不是仅仅只让单边获益。的确，游牧民族从他们对于中国人的新了解中获益良多。随着这个新体系开始生效，汉人和游牧民族之间的贸易——其外表是“礼物”与“贡品”的交换——前所未有地繁荣。在不断加速的贸易中，两种关键商品是汉人生产的丝绸和游牧民族豢养的马匹。在其早期，一方面的贸易记载如下表：

汉人给匈奴的丝绸“礼品”

年份（公元前）	丝线（斤）	丝绸（匹）
51	6 000	8 000
49	8 000	9 000
33	16 000	18 000
25	20 000	20 000
1	30 000	30 000

尽管我们缺少相对应的，同一时期出口到中国的马匹数量，但是毫无疑问这个数字与丝绸出口一样在增加。

中国出现的新事物

在汉代的时候，除了马匹数量的增长，还有许多其他从西方传来的新奇事物出现。这些东西都是由佚名的旅行者，通过汉武帝确保的道路带来。在张骞回来之后不久，司马迁就描述了被引进汉朝的葡萄和苜蓿：

65 俗嗜酒，马嗜苜蓿。汉使取其实来，于是天子始种苜蓿、蒲陶肥饶地。及天马多，外国使来众，则离宫别观旁尽种蒲陶、苜蓿极望。

司马迁《史记·大宛列传》

（Sima Qian, *Han Dynasty*, Ⅱ, p.243）

从波斯则送来“像锅子一样大的蛋”（可能是鸵鸟蛋），而艺人“非常善于表演把戏”。司马迁是这么说的：

> 汉使还，而后发使随汉使来观汉广大，以大鸟卵及黎轩善眩人献于汉……及加其眩者之工，而觳抵奇戏岁增变，甚盛益兴，自此始。
>
> 司马迁《史记·大宛列传》
>
> （Sima Qian, *Han Dynasty*, Ⅱ, p.243）

佛教的传入

从长时段的角度看，佛教的出现可能是张骞的旅行，以及之后同中亚的交通增长，为中国所带来的最大革新。佛教在公元前 50 年左右，由从印度、中亚和波斯出发的僧侣及商人所传播，第一次进入中国。洛阳这座坐落在黄河边的城市成为了汉朝后半期（公元 25 —220 年）的首都。在公元 150 年，其中的僧侣建立了第一座把佛教经典从梵语翻译成汉语的翻译中心。考虑到典籍言简意赅，而两种语言之间又差别很大，翻译工作一定非常困难。

在洛阳的首席翻译人员是波斯人、印度人和其他前往中国传播佛教教义的中亚人。有些人的名字被记录了下来（汉语形式）。洛阳翻译项目的主持者是一位名叫安世高的波斯僧侣。他在公元 148 年抵达洛阳，然后在翻译工作中度过了接下来的二十年。安世高最重要的合作者之一安玄
也是波斯人，他是来洛阳经商的。到公元 2 世纪末，从印度到大夏的各民 66
族翻译者，都留在洛阳在汉人的协助下进行翻译。

汉朝的佛教徒人数较少，受外国人领导，佛教在大多数汉人中间没有影响。但是公元 2 世纪的翻译工作是重要的第一步。之后，佛教的教义被越来越多的汉人接受，其传播也渐渐广泛，最终成为了雅俗共赏的主流文化力量。

中国、游牧民和罗马：丝绸之路

在检验汉人与中亚各民族不断增长的接触和交换所带来的印象时，我们省略了一个重要的话题，也就是汉人送给匈奴的大量丝绸的命运。这些奢侈的丝织品到哪里去了呢？这个问题的答案，会带领我们踏上从中国越过中亚抵达罗马的旅程，这里就是部分质量良好的纺织品的最终目的地。

游牧民统治者就像汉人皇帝一样地使用丝绸。他们用美丽的袍子装扮自己，把他们和自己的臣属区别开来。由此增加自己的政治权威。就像汉人皇帝一样，他们也用丝袍赏赐宠臣，巩固许多精英——过去和现在的——所依靠的“保护—被保护”关系。但是游牧民收到的丝绸远远超出所需要的数量。因此，同样和皇帝一样，他们把丝绸用作外交工具与商品，同其他的游牧民部落做交易。结果，大量的丝绸进入了这种网络，也就是线线交易系统。正是这种商业系统在商周时期把玉石运到了中国。

就像我们在玉石的例子中所看到的，我们知道这些矿石在抵达早期的中国各王朝之前跨过了漫长的距离，但是没有实际的史料告诉我们贸易如何进行。而丝绸贸易的图景则更为清晰，虽然并不像我们所希望的那样清晰可辨。

学者们认为在远古时代，中国人就发明了养蚕业，这是用某种虫子（中国桑蚕）做茧而抽出的纤维制作布匹的技术。在公元 500 年之前，中国人垄断了这种技术。结果，在古典时期，凡是在中国以外的地区发现了丝绸，那就说明这个地区与中国有着某种联系。我们已经知道中国的数据显示，在公元前 1 世纪的时候，面向匈奴的丝绸出口有大量增长。但是我们还没有谈论，这些丝绸到底向西走了多远。

考古学家和纺织史学家最近的研究表明，早在公元前 6 世纪，就有少
67 量的中国丝绸抵达了中东（波斯）、多瑙河流域和爱琴海地区。它们可能是通过北方的路线，穿过草原抵达黑海。但是当时丝绸的数量非常少。中国丝绸真正地进入地中海发生在之后。罗马作家作品中散落的引用，意味着丝绸在公元前 1 世纪的时候大量地进入了地中海地区。2 世纪时候的

罗马历史学家弗洛鲁斯，声称在公元前53年罗马和波斯的关键战斗中（此战以罗马失败而告终），波斯军队有着“镶金的军旗和丝绸的枪旗”。但是弗洛鲁斯的写作时间远在战斗发生之后；也许他在丝绸旗帜这种细节上并不是十分可靠。第二个罗马历史学家迪奥·卡西乌斯告诉我们，恺撒曾经举办过一个奢华的宴会，他提供了丝绸遮篷供宾客避暑。然而，就像弗洛鲁斯一样，迪奥也生活在公元3世纪，与所描述的事件发生的时间相距甚远，可能降低了他的可信度。

如果在证明公元前1世纪罗马境内有丝织品这件事上，弗洛鲁斯和迪奥都不太牢靠的话，其他在罗马和平（公元1—200年左右）的早期阶段的作家清楚地表明，丝绸不仅出现了，还成为争论的焦点。这里引用的是公元1世纪的作家和道德学家塞涅卡的作品：

> 我发现有丝绸的服饰——它勉强能被称为服饰，但是不能为身体提供任何保护。更有甚者，当一名女人穿着丝绸服饰的时候，如果她有良心的话，她会发现她和裸体没什么两样。
>
> 塞涅卡《道德论文 III》
>
> （Seneca, *Moral Essays,* Ⅲ, trans. Basore, p.479）

在塞涅卡之后不久的作家，同时也是罗马最好的历史学家之一塔西佗，记录了元老院在穿著丝绸问题上的辩论的结果：

> 为了私人愉悦使用金盘子应该被禁止，同样不提倡用丝绸制作男性的服饰。
>
> 塔西佗《编年史》
>
> （Tacitus, *Annals of Imperial Rome,* trans, Grant, p.92）

关于早期帝国中的丝绸的最后一条证据来自于苏维托尼乌斯，一位写作了罗马统治者的一系列经典传记的公元2世纪的作家。苏维托尼乌斯对于卡里古拉（公元37—41年在位）的描述，记录了这位最为臭名昭著的皇帝之一对罗马法律和男性共识的挑战：

> 卡里古拉在服饰上毫不关心传统和当前的潮流；他无视男性的传统，甚至是人类的美感。他常常在公众面前穿着满是刺绣，还镶着
> 68 宝石的披风，长袖衬衣和手镯；或是丝绸（法律禁止男人穿）甚至是女人穿的长袍。
>
> 苏维托尼乌斯《罗马十二帝王传》
>
> （Suetonius, *Twelve Caesars,* trans. Graves, pp.179—180）

罗马人知道丝绸产于东方的某地，但是他们对其起源一无所知。对于罗马人来说，"已知世界"的东部边境终于印度的某地。没有确切史料证据表明有某个罗马人抵达中国，然后归国。然而这种旅行可能并不是不可能，而且事实上进行了不止一次。中国的历史记载中，有一个"罗马"的使节团在公元 166 年访问了汉朝首都洛阳。汉人说这些从西方来的访问者，穿过印度洋抵达这里。尽管在罗马的记载中无法找到位于汉朝首都的使馆记录，地中海地区的商人可能渡海抵达中国，然后自己称是使节。这些罗马旅行者回家了吗？中国和罗马的历史记载都没有任何信息能够帮助我们回答这个问题。

如果说缺少一场完整的从罗马到中国的旅行的史料，我们依然可以从本章对于两个罗马旅行家的审视中得出结论。他们两个旅行至半路（到印度），一个人走陆路，而另一个走海路。卡剌克斯的伊西多尔（Isidore of Charax）就是一个在公元前 1 世纪后半叶，参与了穿过波斯的东西方贸易的希腊商人。他的故乡卡剌克斯就位于波斯湾的顶端。这一地区是罗马和帕提亚（帕提亚王朝，公元前 250—公元 224 年）激烈争夺的边境地区。我们关于伊西多尔旅行的史料是一份简略文献，被称为《帕提亚驿程志》（*Parthian Stations*）。他从罗马帝国叙利亚地区的安提亚克穿过美索不达米亚和波斯地区，直至现在阿富汗的坎大哈（当时在帕提亚的控制之下）。根据《帕提亚驿程志》的记载，这趟旅行用了三个多月才完成，总共行程似乎有 3 000 英里（尽管两城之间的直线距离只有 1 700 英里）。

伊西多尔记录了从地中海沿岸，穿过波斯平原，到印度边境的旅店网络，细致到它们之间的间隔有多少里。这是丝绸从中国穿过中亚，最终被

带到西方的方式的一个旁证。伊西多尔和其他商人可能通过主要的帕提亚波斯东西向干道，被称为呼罗珊大道的公路，然后使用500多年来的老办法，用驴队运送他们的货物。就像我们在第二章中看到的，这种方法成型于公元前2000年。事实上，伊西多尔告诉了我们丝绸之路中缺失的那环。而他简要的旅行志，使我们能够了解中国的丝绸是如何抵达中亚，然后在穿过波斯和美索不达米亚地区之后来到地中海。

《帕提亚驿程志》的海上版本，是一位匿名的舰长所做的简略的手册。 69
这位舰长也说希腊语，是公元1世纪的亚历山大里亚人。这本书被称为《厄立特里亚海航行记》（印度洋导航手册）。这本小手册提供了许多信息——大部分都是基于第一手的观察数据——包括了海况和从红海到东非海岸再到印度的商业机会。《厄立特里亚海航行记》明显是为了许多其他在公元1世纪的阿拉伯海上航行的罗马船长和海上商人而作的。

从《厄立特里亚海航行记》中我们知道，从埃及红海海岸的罗马港口出发的船只，定期地向非洲海岸航行以进行象牙、龟甲、乳香和迷迭香的交易。在阿拉伯港口，他们购买乳香、迷迭香、芦荟以及其他从印度转运来的货物，例如胡椒和其他香料，各种宝石以及棉制和丝织的布匹。

《厄立特里亚海航行记》也清楚地指出，在公元1世纪，有许多从红海港口出发，抵达印度港口的航路。有些航路并不是沿着海岸，而是直接穿过公海。此时，罗马的船长已经了解了在整个印度洋区域主宰海况的季风。在夏季穿过公海抵达印度港口能节省很多时间，而且如果计划得好，还能够以相当快的速度走完回程。

阿拉伯海交易区中的许多商品，都列在《厄立特里亚海航行记》上，其中就有丝绸。书中记载，这些纤维从中国用驴队运到印度的四个港口。丝绸衣服和丝线在位于印度河口的巴巴里孔港（Barbarikon）、印度西北部海岸的婆卢羯车港（Barygaza），以及在印度西南海岸（马拉巴）的穆济里斯港（Muziris）可以得到。在《厄立特里亚海航行记》中对于丝绸最有趣的引用，是论述一个名为“恒”（Ganges）的港口城市。它坐落在印度东海岸，就在拥有同样名字的河流的河口，以下是原文：

> 在该区域的远方……远离大海，有座非常大的，被称为 Thina（中国）的城市。在那里丝绸制的布匹，丝线通过巴克特里亚的陆路抵达婆卢羯车，然后在通过恒河抵达林母里克（马拉巴海岸）。要去这座 Thina 城市非常困难：很少有人从那里来，只有一些……
>
> 《厄立特里亚海航行记》
>
> （*Periplus*, trans. Casson, p.91）

这篇《厄立特里亚海航行记》中的选段，不仅是在西方语境中第一次
提到中国，还证明了在公元 1 世纪就有许多旅行者——他们中大部分人的
70 名字已经永久地失传——建立了中国与罗马之间的联系。卡里古拉的托
加长袍，就标志黄河河谷带给地中海盆地的改变的一小部分。

结论：在世界历史的背景之中

亚洲旅行——包括从罗马前往亚洲——造成并促进了古典时期世界历史中的重要变革。贸易的联系显而易见：许多旅行者都直接参与贸易，尤其是丝绸。结果是在数个社会，丝绸贸易都成为了经济的重要组成部分。旅行也把各个国家连接在一起，尤其是中国和各个游牧民族部落。旅行也促进了文化间的交流，就像佛教从中亚传播到中国所显示的那样。中国政府开始支持旅行显示了旅行对于中国国家的重要性，而且强调了旅行在外交方面的作用不亚于其在商业上的作用。有些联系因为汉王朝的崩溃，和不久之后罗马帝国的崩溃而被切断，但是联系的重要性并没有被遗忘。其他的旅行者很快就会进行恢复联系的任务，并且把联系扩展得更为深远。

延伸阅读

本章引文来自于下列作品：

The quoted passages in this chapter are drawn from the following works:

The Periplus Maris Erythraei, ed. and trans. Lionel Casson（Princeton, N. J.: Princeton University Press, 1989）

Arthur Cotterell, *China: A Cultural History*（London: John Murray, 1988）

Sima Qian, *Records of the Grand Historian: Qin Dynasty*, trans. Burton Watson（New York: Columbia University Press, 1993）

——, *Records of the Grand Historian of China: Han Dynasty,* 2 vol., rev. ed., trans. Burton Watson（New York: Columbia University Press, 1993）

Tacitus: The Annals of Imperial Rome, rev. ed., trans. Michael Grant（London and New York: Penguin Books, 1989）

Seneca: Moral Essays, Vol. Ⅲ, trans. John A. Basore（Cambridge, Mass.: Harvard University Press, 1964）

Suetonius: *The Twelve Caesars,* rev. ed., trans. Robert Graves（London and New York: Penguin Books, 1979）

Arthur Waley, 'The Heavenly Horses of Ferghana: A New View,' *History Today,* 5.2（1955）:95–103

Burton Waston, *Early Chinese Literature*（New York: Columbia University Press, 1962）

Yu Yingshi, *Trade and Expansion in Han China: A Study in the Structure of Sino-barbarian Relations*（Berkeley, Cal.: University of California Press, 1967）（table）

中国

Arthur Cotterell, *China*：*A Cultural History*（London: John Murray, 71
1988）

Valerie Hansen, *The Open Empire: A History of China to 1600*（New York: W. W. Norton, 2000）

世界中的中国

S. A. M. Adshead, *China in World History,* 3rd ed.（New York: St.

Martin's Press, 2000）

Nicola Di Cosmo, *Ancient China and Its Enemies: The Rise of Nomadic Power in East Asian History*（Cambridge and New York: Cambridge University Press, 2002）

Joseph Needham, with Wang Ling, *Science and Civilization in China,* vol.2, *History of Scientific Thought*（Cambridge: Cambridge University Press, 1956）

Richard J. Smith, *Chinese Maps: Images of 'All Under Heaven'*（Hong Kong: Oxford University Press, 1996）

Yu Yingshi, *Trade and Expansion in Han China: A Study in the Structure of Sino-barbarian Relations*（Berkeley, Cal.: University of California Press, 1967）

道路与马匹

H. G. Creel, 'The Role of the Horse in Chinese History,' *American Historical Review,* 70.3（April 1965）:647–72

Joseph Needham, with Wang Ling and Lu Gwei-Djen, *Science and Civilization in China,* vol.4, pt.3*: Civil Engineering and Nautics*（Cambridge: Cambridge University Press, 1971）

Arthur Waley, 'The Heavenly Horses of Ferghana: A New View,' *History Today*, 5.2（1955）: 95–103

丝绸之路和相关的话题

Vimala Begley and Richard Daniel De Puma, eds, *Rome and India: The Ancient Sea Trade*（Madison, Wis.: University of Wisconsin Press, 1991）

L.Carrington Goodrich, 'Trade Routes to China from Ancient Times to the Age of European Expansion,' pp.16–32 in Jean Labatut and Wheaton J. Lane, eds, *Highways in Our National Life*（Princeton, N. J.: Princeton University Press, 1972）

Wang Gungwu, ‘The Nanhai Trade: A Study of the Early Chinese Trade in the South China Sea,’ *Journal of the Malayan Branch of the Royal Asiatic Society,* 31.2（1958）:1–133

G. F. Hudson, *Europe and China: A Survey of their Relations from the Earliest Times to 1800*（London, 1931; reprint Boston, Mass.: Beacon Press, 1961）

Milo Kearney, *The Indian Ocean in World History*（New York: Routledge, 2004）

Xinru Liu, *Ancient India and Ancient China: Trade and Cultural Exchanges,* AD 1–600（Delhi: Oxford University Press, 1988）

J.Innes Miller, *The spice Trade of the Roman Empire*（Oxford: Oxford University Press, 1969）

Joseph Needham, with Wang Ling, *Science and Civilization in China*, vol.1, *Introductory Orientations*（Cambridge: University Press, 1954）

——, *Science and Civilization in China*, vol.5, *Chemistry and Chemical* 72
Technology, part 9. ‘Textile Technology: Spinning and Reeling,’ by Dieter Kuhn（Camdridge: Cambridge University Press, 1986）

Manfred G. Raschke, ‘New Studies on Roman Commerce with the East,’ pp. 604–1361 in *Aufstieg und Niedergang der romischen Welt*, ed. H. Temporini and W. Haase, 2:9:2, 2 vols.（Berlin, 1978）

E. H. Warmington, The *Commerce Between the Roman Empire and India*, 2nd rev. ed.（1928; reprint, New York: Octagon Books, 1974）

丝绸之路的艺术和考古

Lawrence Okamura, ‘Gold Crowns and Roman Glass in Kyongju, Samguk, Silla,’ paper presented at the Eleventh International Conference of the World History Association, co-sponsored by the Korean Historical Association, Seoul National University, Seoul, 2002

Victor Sarianidi, *The Golden Hoard of Bactria, From the Tillya-*

tepe Excavations in Northern Afghanistan, trans. Arthur Shkarovsky-Raffe（Leningrad: Aurora Books, 1985; New York: Harry N.Abrams, 1985; Kabul: Baihaqi, n. d.）

John E. Vollmer, E. J. Keall, and E. Nagai-Berthong, eds, *Silk Roads, China Ships*（Toronto: Royal Ontario Museum, 1983）

Frances Wood, *The Silk Road: Two Thousand Years in the Heart of Asia*（Berkeley, Cal.: University of California Press, 2002）

原始资料

The Periplus Maris Erythraei, ed. and trans. Lionel Casson（Princeton, N. J.: Princeton University Press, 1989）

F. Hirth, *China and the Roman Orient: Researches into their Ancient and Medieval Relations as Represented in Old Chinese Records*（Shanghai and Hong Kong, 1885; reprint Chicago: Ares, 1975）

Jeannette Mirsky, ed., *The Great Chinese Travelers*（New York: Pantheon Books, 1964）

Parthian Stations of Isidore of Charax, trans. Wilfred H. Schoff（London, 1914; reprint, Chicago, Ill.: Ares, 1989）

Seneca: Moral Essays, Vol. Ⅲ，trans. John A. Basore（Cambridge: Harvard University Press. 1964）

Sima Qian,*Records of the Grand Historian of China: Han Dynasty*, 2vols., rev. ed., trans. Burton Watson（New York: Columbia University Press, 1993）

——, *Records of the Grand Historian: Qin Dynasty*, trans. Burton Watson（New York: Columbia University Press,1993）

Suetonius: The Twelve Caesars, rev. ed., trans. Robert Graves（London and New York: Penguin Books, 1979）

Tacitus: The Annals of Imperial Rome, rev. ed., trans. Michael Grant（London and New York: Penguin Books, 1989）

第二部分

后古典时代

73 在公元500年左右，比起古典时期，旅行开始进入了一个新境界。最著名的传奇旅行家旅行的距离更为遥远，接触的社会更为多样化。旅行的频率也增加了。旅行也开始产生更为深远的影响，尤其是在建立新的贸易联系和传播世界性宗教方面。旅行的确已经成为了不断加速的跨亚洲、非洲和欧洲网络的一个组成部分。

多个因素可以解释旅行为何改头换面。以伊斯兰教为代表的新宗教的崛起，以及基督教及佛教等其他宗教日益壮大是关键原因。由于宗教变得普世化，旅行者即使是前往遥远地区，也可以获得某种宗教上的支持。他们也会发现其他的信徒，尽管文化和政治背景与他们非常不同，但是也会帮助他们继续旅程，并在一片陌生的土地上找到一些家乡的感觉。宗教也为旅行提供了新的动机——传教或是在远方寻找信仰的源泉。

政治上的改变也非常重要。新兴或是复活的帝国——阿拉伯哈里发和重新建立的中华帝国——在相当广阔的地理空间为旅行者提供了政治保护。在后古典时代末期出现的，横跨大洲的蒙古帝国在前所未有的地理范围内，进一步增强了安全并向旅行者发出了邀请。

技术既是推动旅行的动力，也部分得益于旅行和贸易。新的船只设计，尤其是阿拉伯式，让在印度洋上的航程更大。在这个阶段的末期，以罗盘为首的新导航设备也会开始使用。以从伊斯兰土地上开始的旅行和贸易将会提供比之前都更为准确的地图，而这个旅行的成果又会反过来促进旅行的发展。最后我们会看到旅行者的记述变得越来越多，刺激了其他人进行旅行的欲望并为他们提供足够的经验和知识。就这样旅行这件事情开始变得自给自足。

尽管有如此多的进步，长距离旅行依然艰辛而充满变量。因为当第 74
一流的旅行家变得越来越有雄心壮志时，他们也面临着增长了的困难和危险。他们的成就令人印象深刻，在历史上也影响深远。

* * *

三种主要的旅行模式开始出现，当然还有很多其他的变种。在后古典时代之前，佛教就开始推动旅行的发展，并且这种推动力延续到了后古典时代的初期。佛教是最早的世界性宗教之一，而它刺激了传教士和朝圣者穿过中亚前往印度。其中最引人入胜的是从中国、一段时间之后从日本进行的宗教旅行。伊斯兰教在 7 世纪之后开始对旅行采取鼓励的态度。其中有政治和宗教的原因，而技术后来扮演了重要的角色。阿拉伯和北非地区离开非洲，横渡印度洋的努力一直持续到 14 世纪。基督教旅行在伊斯兰教崛起之前，在罗马帝国时期就已经非常成熟。在罗马帝国崩溃之后，传教士和朝圣者重新开始了旅行，他们的重点是在欧洲内部和地中海地区。然而，在蒙古人崛起之后，欧洲的旅行范围大大地扩展，不仅到达了中东，还延伸到了中亚以及更远的地方。明显地，基督徒和穆斯林的旅行有部分重叠，他们共享某些陆地上和横跨印度洋的旅行线路。

第五章

佛教徒的旅行：公元400—900年

导 言

75 中国的佛教僧侣是公元1000年最有冒险精神的长距离旅行者。从公元3世纪到10世纪，数以千计的中国僧侣向西前往印度的圣地。大部分朝圣者通过丝绸之路，到中亚旅行；小部分则取道海上，从中国港口前往南亚港口。

佛教也激励了其他旅行者。早先在古典时期，虽然我们没有精确的关于某次具体旅行的史料证据，但是佛教徒一定从印度前往中亚、中国和东南亚。在后古典时期，佛教也连接着从日本到亚洲本土的旅行者。于是，佛教形成了世界史上第一个、以旅行为特点的新型宗教框架。旅行的主要重点在于亚洲的陆路路线，有时也使用印度洋的海上路线。而反过来，旅行也帮助巩固佛教在亚洲数个社会的角色，并且刺激产生更多的贸易联系。

* * *

公元629年，中国最著名的佛教旅行家，法号玄奘的高僧从唐朝首都长安踏上了穿过中亚前往印度的旅程。他的目标是取来一些佛教的梵语经典。这些经典不是尚未被翻译成中文，就是原本可能比中文译本更为精确。通过获取这些经文，并且对它们进行新的翻译，或是用它们校正中文译本，玄奘希望能够使分裂了中国僧人的教义问题得到解决，并且解决他自己对于佛陀教导的困惑。

在之后的16年中，玄奘走过了大部分张骞在700年前走过的道路，但是他走得更远。不像张骞，玄奘抵达了印度，并且在那里四处旅行。在 76
印度的时候，他拜访了对于佛教徒来说最为神圣的圣地，向大寺院中博学的佛教学者请教，并且收集了数以百计的梵语手稿。

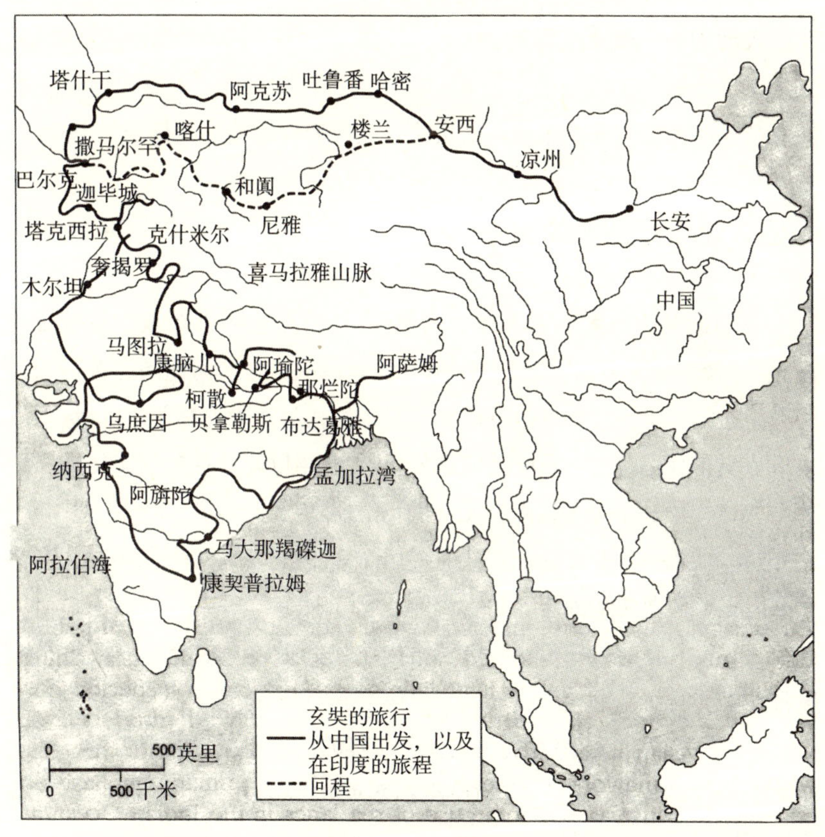

图3　玄奘的旅行

当这位僧人在公元645年回到唐朝首都的时候，他已经走过了超过10 000英里的路程。他受到了热烈的欢迎，在数周之内就受到太宗皇帝的接见。皇帝对于玄奘的故事印象深刻，他要求玄奘把旅行的故事写下来，并进入宫廷。玄奘答应写作一本书，但是拒绝了担任官员的邀请。相应地，这位僧侣请求皇帝资助他野心勃勃的计划：把他带回唐朝的众多手稿翻
77 译成中文。太宗皇帝答应了请求，让玄奘在译经和讲经中度过余生。这里，唐朝的国家政策和旅行之间的联系再一次值得我们关注。

玄奘的翻译工作，在他生命中剩下的二十年中得以完成，而他与一群他所集结起来的学者/僧人一起完成了这项工作。他所译出的佛经，对于中国和其他东亚国家中的佛教的繁盛大有裨益。玄奘的旅行也有非常重要的政治影响。就像张骞呈给汉武帝的报告一样，玄奘记录他旅行的书，为太宗皇帝提供了宝贵的中亚和印度地区的情况报告。而这个时候唐朝的皇帝正在遵循向外扩张的外交策略。让我们看看玄奘旅行的几个高潮。

一位详述旅行两次的僧侣

我们拥有两份关于玄奘旅行的数据，一份是他应唐太宗的要求而撰写的，充满了细节和事实的作品；另一份是请他年轻的僧侣同道撰写的玄奘早年的生平和旅行事迹。这两本书对于现代学者来说都非常宝贵。

玄奘的作品《大唐西域记》，是公元1000年以前最重要的文化地理学著作之一。其中详细记载了公元7世纪早期，中亚和印度130多个“国家”（小国或是地区）。本书基于玄奘的回忆，旅行笔记和他对于在印度获得的梵语历史和地理文献的研究。

玄奘《大唐西域记》的风格和结构让我们想起了张骞呈给汉武帝的报告。玄奘的作品也与法显（399—414年进行了旅行）和宋云（在516—520年左右进行旅行）撰写的关于他们旅程的简短而宝贵的报告相似。然而玄奘的作品比早先旅行家的作品都要重要，因为他提供给我们数量非凡的信息。

第二个主要史料来源是由慧立撰写的玄奘生平。慧立是玄奘从印度归国之后召集的翻译队伍中的一人。他的《大慈恩寺三藏法师传》主要根据玄奘的口述写成。其中包含了许多在《大唐西域记》中没有的，关于玄

奘旅行和个人经历的信息。也许玄奘在同慧立的交谈中，争取创作一份比提供给太宗皇帝那份更多日常信息的旅行记录。

让我们从分别是写给皇帝和口述给慧立的两份旅行记述之中，追寻 78
玄奘的脚步。

早年生活

玄奘生于公元600年左右，当时正是中国历史的转折点。在他出生的十年前，短暂的隋朝（581—617年）的创立者隋文帝，在公元3世纪汉朝崩溃之后第一次重新统一了中国。隋文帝和他的儿子兼继任者隋炀帝（604—617年在位）都推崇佛教。可能是他们把佛教僧侣看作对抗各种对手，包括儒生和道士的潜在盟友。为了向佛教徒提供支持，隋朝的皇帝们资助寺院的建设，鼓励比丘与比丘尼剃度，并且鼓励崇拜舍利。

我们猜测，玄奘决定出家可能与隋朝皇帝的宗教政策有关。在他父亲的家系中，已经是三代博学的儒生（我们的数据没有告诉我们他的母亲和她的先人的情况）。而且，根据慧立的说法，玄奘在孩提时代就受到父亲儒家经典的教育，并且学习态度认真。在中国历史上，在儒学上有一个好的开始，能够作为进一步学习儒学，并且成为政府官员的跳板。

然而，在十二岁左右时，玄奘转变了人生方向，决定进入一所佛教寺院。他的一位已经成为僧人的哥哥，似乎鼓励他加入越来越多的、佛教僧人的中国精英阶层的年轻人之中。玄奘在寺庙中待了十五年。一开始他是沙弥，在二十二岁左右受具足戒，成为了正式僧人。在这期间，他因为过目不忘的出色记忆力，和像海绵吸水一样学习佛学的能力而出人头地。

这十五年对中国政治来说，是动荡的年代。公元617年的一场兵变，激发了对于隋炀帝时期政策的不满，最后导致了他的倒台。围绕着隋朝崩溃而起的动乱，一直延续到后继唐朝的头十年。

处乱世而不惊，玄奘的时间都奉献给了研究在中国可以看到的重要佛学经典。他所研习的经文属于佛教大乘派（梵语的直译就是“大车子”）。
这一派别早先从印度传播到中亚，然后到中国、韩国和日本。大乘佛教的 79

一个主要特征就是给予菩萨以重要性。菩萨是可以进入涅槃境界的圣者，但是他们选择留下来帮助其他人获得拯救。菩萨是同情和包容的典范，而这是大乘佛教最看重的两个美德。

大乘佛教的第二个特征是接受大量不同的、有时是互相矛盾的经文作为权威的教义。大乘佛教经典的数量和歧义性，导致了僧侣之间频繁出现争执，并且宗派林立。其中每个教派都把某个特定的经文奉为圭臬。

对于分裂的同袍的教义争端玄奘感到困扰。他相信部分的分歧是僧侣所依据的经文中，不成熟的翻译所导致的。而他自己有时也因为翻译问题而头疼。他也知道有些重要的大乘派经文没有被翻译成中文，这些经文在印度都可以找到。这些念头在他的脑中萦绕不去，所以在不到三十岁的时候，他就决定离开中国踏上前往印度的旅程。

在路上

依照程序，玄奘向太宗皇帝提交了前往印度旅行的申请。但是这份申请石沉大海，也许是因为初唐社会不稳定，因此当朝不希望授权进行任何在边境地区的旅行。但是玄奘依然毫不动摇地离开长安巨大的西门，走上从张骞的时代开始，就被数不清的旅行者踏过的车马道。出于安全的原因，玄奘与另外一位僧侣一起开始旅行。这位僧侣要从长安回他的老家甘肃。在他们分开之后，玄奘也遇到了其他人——僧侣、商人和地方官员——他们在各个方面在他西行的路途上帮助他。当一个甘肃的官员命令玄奘回到长安时，地方的僧侣前来帮忙，在夜幕的掩护下护送他西行。另一个官员被玄奘的虔诚所感动，把逮捕令（因为玄奘违反了限制旅行的法令）撕碎，催他赶快上路。

逃过了追捕者并走过了甘肃，玄奘抵达了玉门关所处的荒野。这里是标志着唐帝国和巨大的塔克拉玛干沙漠分界线的地点。一个孤单的僧侣如何才能穿过令人望而生畏的沙漠？他可以从环绕着沙漠南部和北部
80 的一系列绿洲中获取水和粮食，但是绿洲之间的距离非常遥远，它们之间的道路时隐时现。而且时时刻刻都有被马帮抢劫的危险。

慧立告诉我们在这充满了不确定性的时刻，玄奘和其他大乘教徒一样，祈求了弥勒佛，也就是未来佛的帮助。当在一个神龛向弥勒佛祈祷时，佛祖似乎回应了他的祈求。根据慧立的说法，有一个“胡族”的人靠近玄奘，领着他前往坐落在绕过沙漠的北方路线上的第一个绿洲，哈密（“胡”是中国人对于中亚游牧民族的统称。胡人常常有着深深的眼眶，高鼻子和络腮胡子）。

接受了这个人的帮助之后，玄奘骑着从他向导的朋友那里购买来的一匹老红马进入了沙漠。这匹马据说非常熟悉到哈密的道路。然而灾难很快就发生了。在玄奘露宿的第一晚，他的向导就提刀靠近他，明显想要抢劫。玄奘在不知所措中向慈悲与智慧的观音菩萨祈祷。胡人逼近，和尚念经礼佛。再一次地，玄奘的祈祷得到了响应：胡人后退了，而玄奘得以重新进入梦乡。但是第二天向导就说，前往哈密的路太危险，他决定回家。

玄奘沿着散布着人骨和马骨的小道独自前行。在两处中国哨所，他从士兵那里获得了水和其他的粮食。但是在离开第二座哨所之后他迷路了，还失手洒了水袋，其中的水迅速地就消失在沙地之中。在接下来的五天四夜中，他和他的老马在沙漠中四处游荡。在他们都快要渴死的时候，他的马突然感知到了水源，很快他们就遇到了一个绿洲。在一天的休息之后，人和马都恢复到了能够继续进行两天以抵达哈密的程度。

当玄奘在哈密休息的时候，绕过塔克拉玛干沙漠路线上的下一个绿洲高昌（位于现在的吐鲁番）的国王曲文泰邀请僧侣前来拜访他。根据慧立的记载，玄奘本来准备从哈密向西北方进发，可能通过水草丰美的伊犁河谷。然而，他被曲文泰的邀请所打动，决定改变路线拜访吐鲁番。曲文泰知道能够与玄奘会面非常高兴，派出文武百官和许多马匹与一群骆驼，在道路旁设置休息站。在离开哈密七天之后，玄奘就抵达了吐鲁番。

吐鲁番的佛教和丝绸 81

吐鲁番绿洲坐落在一个海拔 -150 英尺的巨大盆地之中，它是地球上最低的地方之一。因为这个地区年降水量非常小，绿洲的农业依靠的是附近天山山脉的融雪。长久以来，大量的冰冷清澈的水通过被称为“坎儿井”的地下管道网络灌溉着吐鲁番的麦田、瓜苗和葡萄架。

从张骞的时代之后，吐鲁番就是长距离贸易和跨文化交流的主要中心。从西而来的商队和从东而来的中亚商队在吐鲁番歇息，躲避沙漠旅行的艰辛，获取水、粮食和精力充沛的动物，并且进行交易。有时长距离贸易者，尤其是那些从现在乌兹别克斯坦粟特地区来的商人，还在吐鲁番建立了永久性居住区。

当玄奘抵达吐鲁番的时候，绿洲正在麴氏家族的统治之下。他们是本地最有影响力的家族之一，并保持了这个地位长达一个半世纪。他们国家的边境从东到西有100英里，从北到南则有150英里，人口有3万人。尽管麴氏家族属于哪个民族我们并不清楚，但是从大量吐鲁番墓穴中出土的文物表明，在玄奘的时期，大多数居民都是汉族人。他们可能是4—5世纪逃离中国北部政治动乱的移民的后代。

7世纪吐鲁番另一个值得注意的方面是其作为佛教中心的重要性。据慧立记载，在玄奘抵达的时候，有“数千名”僧侣居住在吐鲁番。如果可信，那么有将近10%的王国人口属于佛教僧侣（相较之下，当时的唐朝连1%都不到）。尽管慧立可能在数字上做了一些夸张，但是学者发现的考古和文献证据都表明佛教在吐鲁番非常重要。确实，在十多个塔克拉玛干沙漠边上的绿洲中，佛教似乎在吐鲁番最有影响力。

我们从慧立那里了解到，接待玄奘的麴文泰是一名虔诚的佛教徒。当玄奘在午夜抵达吐鲁番首都的时候，国王和他的廷臣都等着欢迎他。在之后的十天中，麴文泰关注着玄奘，为他在宫殿附近的寺庙中安排了住宿，派遣太监们照顾玄奘。国王还试图说服玄奘延长停留的时间，也许他希望玄奘可以成为他的宗教导师，或是领导当地的佛教徒团体。麴文泰可能把玄奘看作唐太宗的使者。

82 但是玄奘决定继续按计划西行前往印度。这造成了国王与僧人之间戏剧性的决裂。当麴文泰威胁玄奘要把他赶回中国的时候，这个和尚开始了一次持续三天的甘地式绝食。在第四天，看到玄奘的健康出现了问题，国王屈服了，答应他可以继续他的旅程。

保证了离开的权利之后，玄奘同意在吐鲁番再留一个月授道。麴文泰为他讲法设立了一个大帐篷，足够容纳300位听众。每天，国王都会亲自护送玄奘来到帐篷，然后跪下为登上座位的玄奘当垫脚石。

当玄奘最终要准备离开时，麴文泰慷慨地为他送行。他赠送了30套法衣，各种御寒衣物（面罩、鞋子、手套和袜子）和4个小沙弥当他的助手。麴文泰还提供了玄奘盘缠：100盎司的黄金、30 000个银币、500卷绸缎。为了运送这些物品，国王还派出了30匹马和25名搬运工。

这还不止。国王对玄奘可能会拜访的24个国家的领袖写了介绍信，每封信后面还附了1卷丝绸。对于玄奘下一站就要拜访的西突厥可汗，麴文泰写了特殊的介绍信，附送500卷丝绸、两车的水果和其他食物（可能是干货）。另外，麴文泰还派出了两位高官——宫廷总管和皇家秘书——护送玄奘前往可汗的宫廷。

麴文泰为玄奘举行的盛大送行仪式，生动地告诉了我们丝绸的多重用途，以及它在公元1000年之前是如何向西流动的。曲文泰给玄奘的袈裟可能就由上好的丝绸制作。玄奘获得的御寒衣物可能是由丝绸粗粗纺织而成（经常野营的人都知道，丝绸是良好的绝热材料）。500卷丝绸被送给玄奘当货币。附在介绍信后的24卷良丝是外交礼品，用来加强麴氏与西面国家的关系。而给西突厥可汗的500卷丝绸无疑是臣属的贡物。

西突厥的大汗

玄奘和他的人马从吐鲁番离开，沿着塔克拉玛干沙漠荒凉的北境一路前行。他们在数个绿洲停留。其中最有名的是库车，和吐鲁番一样是长距离贸易和佛教崇拜的中心。从阿克苏绿洲——在库车之后的停留点—— 83
这队人马转向西北方前往天山山脉。这片陡峭、积雪的山地千百年来一直在挑战着旅行者的耐力。

翻过这些山岭，是玄奘一生中最惊险的经历之一。慧立告诉我们：

> 自开辟以来，冰雪所聚，积而为凌，春夏不解，凝沍污漫，与云连属，仰之皑然，莫睹其际。其凌峰摧落横路侧者，或高百尺，或广数丈。

> 由是蹊径崎岖，登涉艰阻。加以风雪杂飞，虽复屡重裘，不免寒战。将欲眠食，复无燥处可停，唯知悬釜而炊，席冰而寝。
>
> 慧立《大慈恩寺三藏法师传》，第二卷
>
> （Huili, *Biography*. p.14）

这群人用了七天翻过天山山脉，死伤累累。据慧立记载，队伍中 30%—40% 的人员因为饥饿和寒冷而死亡（大约 10—14 人），而动物的死亡率更高。

当幸存者走出山脉时，发现自己位于现在吉尔吉斯斯坦的伊塞克湖（Lake Issyk）的南岸。在七天的行进之后他们抵达了叶护[①]可汗的夏宫托克马克（Tokmok）。叶护是西突厥的可汗。让我们在这里暂时离题，来回顾一下突厥在中亚的崛起。

突厥人是与他们在草原上的祖先斯基泰人和匈奴人非常相像的骑马游牧民族。他们起源于阿尔泰山脉地区，在公元 6 世纪的时候，他们相对突然地获得了中亚的控制权。公元 600 年，突厥帝国的边境已经东至蒙古，西至黑海，成为当时最大的游牧民族政治体。

因为突厥缺乏从中心控制巨大帝国的资源，他们把土地一分为二。统治家族的年长成员，其家乡是蒙古，控制东部领土。而西部的控制权掌握在统治家族里年轻一支的手中，这些可汗把天山和吉尔吉斯山脉地区作为基地。

84 接待玄奘的叶护可汗（618—630 年在位）是西突厥最有实力的可汗之一。他的权力似乎一直向西延伸到高加索山脉。在他统治期间，西突厥士兵也征服了阿姆河（奥克索斯河）以南的土地，也就是现在的阿富汗北部。我们在之前的章节中（巴克特里亚），讨论过了这个地区。令人惊异的是，可汗还与君士坦丁堡的拜占庭皇帝希拉克略和位于长安的唐朝皇帝都建立了外交关系，和它有外交来往的，当然还有诸如吐鲁番这样的许多小国。

慧立为我们描绘了一幅关于叶护可汗本人、他的军队和宫廷的，令人引人入胜的画面：

---

① 即统叶护可汗。——译者注

可汗身着绿绫袍露发以丈许帛练裹额后垂。达官二百余人。皆锦袍编发围绕左右。自余军众皆裘毼毳毛。槊纛端弓驼马之骑。极目不知其表。

慧立《大慈恩寺三藏法师传》，第二卷

（Huili, *Biography,* p.42）

慧立告诉我们，可汗把玄奘带到了他的移动宫殿中欢迎他。那是一座“以金花装之”的巨大皮帐篷。在帐篷里面，突厥人坐在地上铺开的双层毯子上，但是为玄奘提供了一张铁制的折叠椅。根据慧立的说法，突厥人不用木制家具，因为他们“事火”，并且相信木头中包含了火的元素。

唐太宗和麴文泰的使者很快就到场，并且向可汗展示了国书。在接待了这些使节之后，叶护可汗举办了奢华的宴会，向使节和他的廷臣提供了葡萄酒，为玄奘特别准备了葡萄汁。可汗还要求演奏音乐。这音乐一定与玄奘所熟悉的中土音乐大不相同，但是依然悦耳。慧立记载：

铿锵互举。虽蕃俗之曲亦甚娱耳目乐心意也。

慧立《大慈恩寺三藏法师传》，第二卷

（Huili, *Biography*, p.43）

在互相敬酒之后，大量的羊肉、鱼肉和牛肉被端上了餐桌。为了照顾与众不同的素食者玄奘法师，可汗为他准备了特别的菜单——馅饼、米饭、 85
奶油、牛奶、糖、蜂蜜和葡萄。

慧立告诉我们，在叶护可汗的宴会之后，尽管可汗“事火”，但是他依然请玄奘讲法。法师答应了，并借助翻译。他选择的主题是大乘佛教在个人行为上的准则，被称为“十善”。在现实中，这是一系列要求信徒的禁令，而非“善事”。一不杀生，二不偷盗，三不邪淫，四不妄言，五不绮语，六不两舌，七不恶口，八不悭贪，九不嗔恚，十不邪见。

根据慧立的说法，当玄奘结束讲法时，叶护可汗“乃举手叩额欢喜信受”。尽管只有慧立描绘了这个场面，即性情暴烈、拜火的游牧民领袖屈服于一位非暴力的佛教使徒面前，这类事情有可能的确发生过。许多中亚的游牧民族，在汉朝崩溃之后横扫北中国，但是他们都因为政治原因被佛教吸引。也许叶护可汗接受玄奘非暴力的思想，是因为他想要与唐朝保持良好的关系。他的使节告诉他，在唐朝佛教地位正冉冉上升。在托克马克附近的两座巨大的佛教庙宇的废墟暗示着，尽管可汗事火，但是佛教当时在此地依然地位牢固。

就像麴文泰一样，当三藏法师宣布自己继续旅行的计划后，叶护可汗也试图挽留他。在尝试不果之后，可汗用丝绸作为法师的饯行礼：一套用红色缎子做的法袍，五十卷丝绸。另外，可汗还指派了一位在唐朝首都居住了数年的年轻人作为玄奘的官方传译。这位翻译官负责写介绍信送给法师将要拜访的国家，并且陪伴法师直到卡皮萨（Kapisa）。此地靠近现在阿富汗的喀布尔，是可汗权力的南部边境。

在粟特和巴克特里亚

离开了西突厥可汗的宫殿，玄奘和他的队伍沿着西南方主要的车马道，抵达位于现在乌兹别克斯坦的撒马尔罕。然后他们转道向西，通过了一个名为“铁门关”的山口，横渡阿姆河（奥克索斯河），进入了现在的阿富汗（巴克特里亚）。当他们穿过阿富汗时，旅行者们在商旅之城昆杜斯（Kunduz）、巴尔克（Balkh）、巴米扬（Bamian）和卡皮萨分别停留。抵达卡皮萨之后，玄奘和他的队伍就抵达了印度边境。在我们进一步跟随法师前
86 往南方之前，我们先来看看他穿过粟特和巴克特里亚时走过的道路。这段旅程有 1 000 英里左右。

我们在第三章和第四章都曾经讨论过这些地区。公元前 320 年左右，亚历山大大帝曾经在这里停留过数年。张骞也在公元前 120 年左右旅行至粟特和巴克特里亚，然后把此地肥美的水草和繁荣的商业信息带回国内。

到玄奘路过这些地区的时候，商业交往已经大大增加。他所拜访的城市位于丝绸之路上，是在张骞之后开始繁荣起来的城市网络的关键部分。这里是关于撒马尔罕僧侣的记录：

> 撒马尔罕国的国境有1600—1700里(500—600英里)，东西长而南北短。其首都(也叫撒马尔罕)的周长则超过20里，是一座有许多居民的固若金汤的要塞。来自各个不同国家的珍贵货物都储藏在这里。这里土地肥沃，能够种植各种谷物。森林的树木繁茂，并产出各种鲜花和水果。这个国家还产许多良马，而其技术精湛的手工艺人闻名四方。
>
> 《大唐西域记》[①]

玄奘也向我们提供了关于佛教在粟特和巴克特里亚的重要性的信息。因为他在阿拉伯穆斯林的军队征服此地前抵达，因此他对于佛教地位的观察非常重要。他让我们知道，公元7世纪早期的中东还属于佛教世界，虽然不久之后就会变成伊斯兰世界的一部分。

他对于巴尔克、巴米扬和卡皮萨情况的观察凸显了佛教的重要性。在亚历山大大帝曾经迎娶巴克特里亚公主的巴尔克，玄奘发现这里有超过3 000名佛教僧侣和100多所寺院。他告诉我们，巴尔克的僧侣并不是大乘派，而是属于一个更古老而保守的教派，被称为上座部(字面意思为“长者的教义”)。尽管上座部佛教没有传入东亚各国，但是玄奘在中亚发现了许多上座部的僧侣团体，他们似乎与大乘教派对手和谐共存。

在巴尔克之外，玄奘也找到了数座规模较大的佛教寺院。这意味着东亚的佛教在乡村地区的重要性不逊于城市，他拜访了一座坐落在城市西南方的寺院，这里是佛教学术研究的中心之一，被称为“新寺”，并有各
种“珍贵的物品”装饰，还有一座镶有“珍稀宝石”的佛陀像。这里明显是 87
朝圣者的重要终点。新寺还有许多佛舍利，其中包括佛陀的牙齿和据传佛陀用过的生活物品，例如一个洗脸盆和一把扫帚。这是玄奘看到的第一件佛舍利，他在以后的旅行中还会陆陆续续地看到许多这样的东西。

在巴尔克的北面，玄奘看到了两座巨大的佛教佛塔，每座都有超过30英尺高。它们被用来纪念两位当地的商人。这两位商人据传是佛陀的第

---

① 此段译文改写自李荣熙的译本，本章以下的引文翻译出处同此，不再注明。谨此说明。——译者注

一批信徒。根据当地传统，当佛陀准备在印度的瓦拉纳西城进行第一次布道的时候，两位巴尔克的商人给了他烤干的谷物和蜂蜜作为维持生计的物品。为了表示感激，佛陀花时间向商人传授了一些关键的教义、五戒和十善。然后佛陀给了他们一些他的头发和指甲，让他们回到故乡，然后建造一座半球状的纪念碑来安放这些圣物。对于巴尔克人来说，这座圣殿是最早的佛教佛塔，因此也是当地人的自豪（还是从朝圣者这里获取收入的手段）。

关于佛陀和巴尔克商人相遇的故事，以及巴尔克佛塔的起源，玄奘是我们唯一的资料来源。尽管他那有趣的故事无法被证实，但是很明显，商旅在把佛教从印度传播出去这件事上面起了非常重要的作用。在巴尔克商人的故事中，我们可能看到的是一个漫长的，涉及千千万万商人的历史过程的个人化版本。

这个故事让我们注意这个事实：原本较为严厉的佛陀的教义，在他死后被修改了。他的使徒渐渐地接触、并吸收了更为古老的宗教传统。这种倾向为崇拜佛陀骨灰的残片，并建造神圣的建筑来接纳它们这件事情打开了大门。当庙宇开始吸引朝圣者的时候，被禁止进行体力劳动的僧人就找到了愿意支持他们各种活动的捐献者。

从巴尔克向南的道路把玄奘带到了陡峭而积雪的印度库什山脉。根据慧立的记载，这里的旅行比在天山山脉还要困难。在库什山脉的山脚下，玄奘进入了巴米扬峡谷。在那里他看到了“数千名”居住在山洞中的上座部僧侣和两座巨大的佛像。玄奘描述：

88 王城东北立有佛石像。高百四五十尺。金色晃曜宝饰焕烂。东有伽蓝。此国先王之所建也。伽蓝东有鍮石释迦佛立像高百余尺。分身别铸总合成立。

《大唐西域记》，卷一

玄奘面对的是当时最大的两尊佛像。因为未知的原因，他把较小的那尊当做了铜质佛像。两尊佛像都是在古典时代的末期由当地的砂岩雕刻而成。也许装饰在巨型佛陀像上的金叶和亮漆是玄奘错误认为佛像铜质的原因，或者可能是当地的某位僧侣告诉他佛像是铜制的。

在巴米扬，玄奘转道向东，穿过了印度的库什地区到卡皮萨（今巴格拉姆）——这是长距离贸易的大中心，也是迦腻色迦王（Kanishka，公元 78 —96 年在位）的前夏宫，这位贵霜帝国的国王是佛教的支持者。玄奘让我们看到迦腻色迦为佛教所做的努力产生了持久的效果。法师告诉我们现在的国王可能是匈奴一支的后裔。他非常醉心于佛陀的教导，每年都造一尊“丈八尺银佛像”。在首都有超过 100 所寺院及超过 600 万名[1]大乘佛教僧人。

玄奘告诉我们周围的乡村最少有 6 所主要的寺院，大部分都是朝圣者的目的地。其中两座乡村寺院保存着佛陀的重要圣物，就是一颗牙齿、一束头发、一片头盖骨。另外一座寺院，由迦腻色迦王建造，其中的佛塔超过 100 英尺高。一座镀铜的佛塔，也超过 100 英尺高，其阴影则覆盖着另外一所寺院。玄奘描绘的第三座佛塔，让我们更能感受到中亚乡村中佛教的强烈影响。这座佛塔属于印度皇帝孔雀王（公元前 268—前 232 年在位），坐落在首都西北方的山顶上。

孔雀王的佛塔，证明玄奘已经在印度附近了。而在卡皮萨也存在着耆那教和印度教的苦行僧。玄奘在第一次看到耆那教徒和印度教徒的时候大大吃惊：

> 天祠数十所，异道千余人，或露形，或涂灰，连络髑髅以为冠鬘。
>
> 《大唐西域记》，卷一

进入印度：犍陀罗与克什米尔

玄奘以综合的方式，向他的读者介绍印度的文化、社会生活、经济和 89
政治组织。为了编写这份小小的民族志，他可能结合了自己的观察和印度学者的作品。这寥寥数页直到今天依然是关于 7 世纪印度的宝贵记录。

---

① 《大唐西域记》原文为“伽蓝百余所。僧徒六千余人。”这里估计是作者笔误。——译者注

我们看到了印度的种姓制度、宗教、语言、文字系统、城市、国内建筑、服装、个人装饰、教育、政府管理、军事、法律、税收、葬礼、农业、饮食习惯和个人卫生。

对于玄奘来说，印度包括了现在的东阿富汗和北巴基斯坦（就是波斯人和希腊人口中的犍陀罗）。孔雀王和迦腻色迦王都通过资助建筑许多寺院和佛塔来促进佛教。在迦腻色迦王统治时期，犍陀罗成为了第一个主要的佛教造像艺术中心。

当玄奘穿过犍陀罗地区的时候，他发现这个地区是佛教传奇和圣物的重要中心。尽管玄奘有着优秀的智力和渊博的学识，他依然相信超自然事件和奇迹。在那揭罗曷（Nagarahara，现在阿富汗的贾拉拉巴德）他进入了一个被称为“影窟”（Shadow Cave）的石窟。这个洞穴非常有名，因为许多人相信佛陀曾经到访此地，并且把影子留在了这里。就像许多同辈一样，玄奘离开这个洞穴的时候，也认为他的祈祷得到了响应，他看到了佛陀的影子。他也拜访了附近据说是佛陀的头骨碎片和一个佛陀的“睛大如柰”的眼珠。

在犍陀罗地区的时候，玄奘也见证了许多佛教建筑，尤其是寺院的毁灭。这些对于寺院的攻击可能是匈奴人所为。这些游牧民族从公元450年开始就统治了这片区域。玄奘关于犍陀罗地区毁坏的寺院的记载，显示了在公元7世纪下半叶阿拉伯穆斯林开始抵达的时候，佛教起码在这个地区正在处于衰落之中。

在克什米尔，一个位于犍陀罗东部的地区，玄奘发现他身处另一个佛教文化的中心。他告诉我们在这个地区有超过百所寺院和超过5 000名僧侣。起码克什米尔寺院的其中一所是一个主要的佛教学术中心，吸引了其他地区的僧人—学者。克什米尔有四座巨大的阿育王建造的佛塔，每座都保存了部分佛陀遗骨。

克什米尔王欢迎玄奘造访他的首都。这座城市可能坐落于靠近现在
90 斯利那加（Srinigar）的达尔湖边上。国王对玄奘渊博的学识印象深刻，他向僧人提供了20个抄写员，帮助他收集经文，另外派了5个仆人照顾他。

玄奘在克什米尔待了两年，在这期间他跟着著名佛教学者旴衡延纳

（Samghakirti）学习。盱衡延纳教授了玄奘数条“论”（大乘佛教的论述）。也许在此期间玄奘学习了梵语。玄奘决定在克什米尔逗留很久的部分原因，也可能是此处景致非凡。在两年旅途中，他翻过了世界上最为险恶的两条山脉，玄奘可能想要休息一下。有什么地方比达尔湖更适于休憩呢？

跟随佛陀的脚步

在离开克什米尔以后的四年，玄奘就在北印度旅行，之后他接受戒日王（Harsha Vardhana，606 —647 在位）的庇护。受益于佛教好客的传统，玄奘在无数的地方寺院待过。但是并不是所有的事情都一帆风顺，有两次匪帮抢劫了他。在第二次被抢劫的时候，他差一点就送了命。但是玄奘坚韧不屈，他继续旅行。他在有些寺院一住就是许多个月，用这些休憩来研究关键的佛教经文，有时包括重要的上座部作品。

637 年，从长安出发八年之后，玄奘抵达了目的地。他现在在恒河的中游，佛教的四个最重要的圣地就坐落于此。其中一个圣地，佛陀的出生地就坐落在现在的尼泊尔。其他三个——佛陀觉悟的地方、佛陀第一次讲法，以及佛陀涅槃地——都在印度。在之后的五年中，玄奘在这个地区跟随着佛陀的脚步游历。

他在佛教徒圣地长时间停留的高潮，无疑是在拜访菩提（启蒙）树的时候。这个地方被佛教徒认为是宇宙的中心。根据佛教徒的传统（玄奘无疑接受这个说法），他在 7 世纪 30 年代看见的这棵树是从 1 100 年之前佛陀觉悟的树上移来的一支。慧立告诉我们当玄奘看到它时，这棵树有 55 英尺高，树皮白中带黄，树叶繁茂翠绿，这棵树现在枝繁叶茂。可能是近代有人又进行了切割移植。

慧立关于玄奘拜访菩提树的记述充满了感情：

> 法师至礼菩提树及慈氏菩萨所作成道时像。至诚瞻仰讫五体投 91
> 地。悲哀懊恼自伤歎言。佛成道时不知漂沦何趣。今于像季方乃至斯。

缅惟业障一何深重。悲泪盈目。

慧立《大慈恩寺三藏法师传》,第三卷

玄奘在菩提树附近逗留了八到九天,那里还有许多其他的圣地(现在也是这样)。由于他的拜访恰逢寺院夏会,数千名僧侣也在这个区域。

从菩提树出发,玄奘旅行 60 英里至那烂陀寺。这是一个巨大的寺院建筑群,吸引了整个佛教世界的学者。慧立告诉我们在玄奘的时代,那里有超过 10 000 名僧侣和 6 座独立寺院。现在其遗址也向游客开放。在 320 年到 550 年左右统治印度的笈多王朝的统治者可能是那烂陀的创始者。为了支持僧众的活动,笈多统治者和他们的后继者,包括戒日王,就向当地的农民征税。当玄奘抵达那烂陀的时候,农民们天天走到寺院门口,带来一车车的大米、奶油和牛奶。

慧立把那烂陀的建筑和周边都描绘得非常有吸引力。这里是他关于僧人的住宿的描写:

诸院僧室皆四重。重阁虬栋,虹梁绣栌。朱柱雕楹,镂槛玉础。甍接瑶晖,榱连绳彩。

慧立《大慈恩寺三藏法师传》,第三卷

这座僧庙群的壮丽令玄奘印象深刻,但是他前往那烂陀是因为这里是公元 7 世纪的佛法学术中心。那烂陀有巨大的图书馆,2 000 多名富有
92 学识的教员和吸引来的海外的学者。这使得这里成为了像古典时代,希腊—罗马世界的亚历山大里亚这样的“智库”。

大多数在那烂陀寺住宿的僧侣,都是前来向大师级的学者请教,例如年事已高的戒贤(Silabhadra),他后来成为了玄奘的导师。慧立告诉我们,每天学生都听大乘派和上座部教义的专家讲法。我们也从慧立那里了解到那烂陀寺的课程包括印度教的吠陀、逻辑、梵语语法、药学和占卜。

玄奘在那烂陀寺非常受僧侣的欢迎,他把这里当作了之后数年的基地。根据慧立的说法,主人在提供玄奘生活物资上毫不吝啬。通常一个那烂陀寺的僧人有两个俗家仆人;玄奘有 10 个。另外他每天还有 120 片蒌

叶（一种温和的镇静剂）、20 个槟榔果、20 个肉豆蔻、1 盎司熏香、1 品脱特殊的粳米，至于奶油和牛奶他想要多少就有多少。每个月他还有三品脱的植物油（用来炒菜和点灯）。

在那烂陀寺，玄奘主要研读大乘派和上座部的教义。就像当时所有地方的佛教徒一样，那烂陀的学者们强调从讲法中学习，而不是研究成文的经典。很明显，玄奘从他的老师戒贤法师处受益良多。但是玄奘也对寺中所藏佛教经典非常感兴趣（写在桦树皮和棕榈叶上的手稿）。由于这些文献都是用梵语写成，所以掌握这种印欧语言，是他在那烂陀寺的主要目标之一。熟悉梵语让他能够更准确地抄写关键的经文。一旦他回到长安，他就能够开始把它们翻译成汉语。慧立告诉我们，在玄奘离开那烂陀寺的时候，他已经“皆洞达其词。与彼人言清典逾妙。”（慧立《大慈恩寺三藏法师传》，第三卷）。

朝见戒日王

玄奘在佛教圣地学习了很多东西。他拜访了菩提树和许多其他佛教徒的圣地。在那烂陀寺，他进一步丰富了原本已经非常渊博的学识。他掌握了梵语，并且获得了无数的“经”（Sutras）和“论”（Sastras）。现在是他启程回国的时候了吗？玄奘说不。

玄奘决定探索东印度和南印度，而非调头回长安。他为何如此做依
然是个谜。有一种解释是他希望前往岛国斯里兰卡，一个主要的上座部佛 93
教中心。然而当玄奘抵达南印度，可能是甘吉布勒姆（Kanchipuram），他遇
到了一些斯里兰卡僧人。他们告诉他现在他们的故乡正处于混乱之中，旅
行者最好远离那里。玄奘于是转向西北方，沿着一条弯曲的道路，最后回
到了那烂陀寺。尽管他的这次前往南印度的“顺道旅行”没有被记录下来，
但是他的这场旅行的里程可能也有 3 000 英里左右。

在第二次造访那烂陀寺的时候，玄奘开始准备启程回国。然而，他被拖延了。首先是阿萨姆的鸠摩罗王（King Kumara of Assam）坚持要玄奘去拜访他。而他的首都在那烂陀以东 600 英里。之后，当他在阿萨姆的时

候，玄奘受召前往戒日王位于恒河东部的临时行宫。因为戒日王是北印度大部分地区的统治者，这份“邀请”不能被忽视。集合了一支由河船组成的小舰队，鸠摩罗王护送玄奘前往恒河上游。

当玄奘和鸠摩罗王抵达指定与戒日王见面的地方时，主人还未抵达。戒日王深知露面也需要天时地利，因此他在夜晚才出现。这里是慧立的记述：

> 有人报曰：“河中有数千炬烛，并步鼓声。”王曰：“此戒日王来。”即敕擎烛，自与诸臣远迎。其戒日王行时，每将金鼓数百，行一步一击，号为节步鼓。独戒日王有此，馀王不得同也。既至，顶礼法师足，散花瞻仰。
>
> 慧立《大慈恩寺三藏法师传》，第五卷

尽管在宗教方面有些折中主义，但是戒日王一直以来都在计划资助一场在他的首都曲女城进行的、一场由玄奘大师讲法为中心的大会。国王的意图是为玄奘展现大乘教义对于所有其他的宗教团体，无论是佛教还是非佛教的优越性。

印度的主要宗教的代表，以及各地的统治者，都会被邀请到曲女城听讲。任何与玄奘意见不合的与会者都会被给予五天的时间来进行反驳。
94 在这之后再经过十三天，就会有一位胜者产生。戒日王在把他的计划告诉玄奘之后，就召集了会议。国王和僧侣都从恒河前往曲女城。

根据慧立记载，曲女城大会是一场盛大的事件。有18个地区的国王，从全印度来的3 000名大乘派和上座部的佛教学者，来自那烂陀寺的1 000名僧侣和2 000名婆罗门和耆那教徒。这场会议在戒日王特别建造的两座巨大的茅草大厅中召开。每天会议都有以抬着佛陀金像的大象为先导的游行作为开始。戒日王和鸠摩罗王装扮成因陀罗和梵天，护卫着领头的大象。这里是慧立关于这场每日进行的游行的描述：

> 皆着天冠花鬘垂璎珮玉。又装二大象载宝花逐佛后随行随散。令法师及门师等。各乘大象。次列王后。又以三百大象。使诸国王

大臣大德等乘。

慧立《大慈恩寺三藏法师传》，第五卷

因为每天前来参会的人数规模庞大，玄奘需要使用数种不同的方法来表现他的思想。他在一个特殊的讲台上坐着讲法，但是他的声音可能只能被一小部分人听见。因此有一个从那烂陀寺来的僧侣为位置较远的人宣读讲座的复本。另一份复本则被贴在大厅的门外，以供所有的人阅读。

在玄奘宣讲的五天和之后的十三天中，与会者没有提出任何反驳。然而，慧立告诉我们在玄奘结束了他的讲法之后，一群上座部的僧侣和“异教徒”(印度教徒和耆那教徒)试图谋杀他。在玄奘自己叙述的版本中，一群婆罗门在点燃一栋建筑，并且试图杀害戒日王。从两份报告中我们可能得出这个结论：有些人的确反对玄奘的思想，但是对戒日王的恐惧让他们不敢与玄奘当面辩论。

玄奘被宣布为“辩论”的胜者，他从戒日王和其他的18位地区统治
者手里收到了数不尽的礼物。然而他没有接受。他是不是也对他的“胜利”
心存疑虑？我们不得而知。不管怎样，现在戒日王给予了玄奘陪伴他前往
施舍地的特权。这个地方位于恒河与朱木拿河的交汇处。在这里，国王准 95
备主持一场盛大的典礼。每五年，戒日王都会邀请他的臣属前来，把自己
的财富施舍给他们(当然很快他就会重新拥有这些财富)。于是玄奘再一
次把回程的计划延期，陪伴戒日王进行施舍典礼。他和国王在18位参加
了曲女城大会的地区统治者的陪伴下一起前往。

慧立告诉我们，当戒日王和他的队伍抵达施舍地时，他们发现已经有超过50万名僧侣和俗家人在那里等待着。之后的流程中充斥着典礼，花了两个多月才完成。这里是慧立关于最初四天的描述：

初一日于施场草殿内安佛像。布施上宝上衣及美馔。作乐散花至日晚归营。第二日安日天像。施宝及衣半于初日。第三日安自在天像。施如日天。第四日施僧……

慧立《大慈恩寺三藏法师传》，第五卷

之后是婆罗门的份，他们在之后的二十天内接受施舍。再之后是耆那教徒。在十天之中他们分赠送给他们的礼物。许多人旅行很久，然后获得十天的施舍。最后则是“贫穷孤独者”，在典礼最后的三十天，他们获得施舍。

在典礼的最后，戒日王把除了大象、马匹和武器的所有东西都施舍了出去。他穿着粗布衣服，礼佛并宣称他拥有财富的唯一目的就是把它们施舍出去。

然后轮到18个国王——戒日王的臣属——来介入了。他们的任务就是把所有戒日王施舍出去的东西再买回来，然后还给他们的主人。于是在数天之中，戒日王就重新获得了他施舍出去的财富。从纯经济学的角度来说，这场典礼的效应，在于把戒日王附庸的财富转移给一些他的臣民。而戒日王不是唯一一个实行“剧场式征税”的印度统治者。在玄奘回国的路途上，他见证了另外两场由卡皮萨国王进行的施舍仪式。

回 程

96 公元643年，玄奘在印度停留了十余年后，开始启程回国。戒日王赠送了一头大象，以及大量的金银币。印度的统治者还派出了4个官员，前往玄奘将要路过的国家。他们都携带着信笺，要求地方统治者给法师提供马匹和护卫。从鸠摩罗王那里，玄奘获得了一顶羊毛帽子。这东西在他前往故乡旅程中的最初1 000英里特别有用，因为法师需要再一次穿过印度库什山脉，然后再翻过同样陡峭的帕米尔山脉。

慧立没有告诉我们玄奘队伍的规模，但是法师绝对不是一个人启程的。他的行李包括500捆经卷，7尊佛像，至少1箱圣物，几小袋珍贵的印度植物的种子。一部文献告诉我们，当玄奘在公元645年抵达长安时，他的行李需要20匹马来驮。

当玄奘走出印度北部进入巴克特里亚的时候，他依然遵循着在当地寺庙投宿的老规矩。他被当成贵宾来接待，所遇到的统治者提供他向导、护卫、脚夫。然而，他回国的旅程依然可能有3 500英里长，非常艰辛。当渡过印度河上游时，有些载着经卷的船只倾覆了。50 捆经卷和一些植物种子随水漂走。在通过暴雪肆虐的印度库什山脉和帕米尔山脉的时候——平均海拔超过 10 000 英尺——法师的体力也到了极限。在库什山脉他损失了大部分的脚夫，而大象则死在了帕米尔。

当玄奘在 644 年开始从帕米尔山脉的东侧下行时，他再一次来到了塔克拉玛干沙漠的边缘。这一地区现在正逐渐地受到汉人的控制。他的第一站是喀什绿洲。这是一个最近成为了中国附庸的长距离贸易和佛教中心。从喀什开始，他沿着从南边绕过沙漠的路线抵达了和田。这里也在最近被纳入了唐朝的势力范围，成为了一个属国。和田的统治者是坚定的大乘佛教支持者，他非常欢迎玄奘到来。

玄奘在和田逗留了 7—8 个月。慧立告诉我们，这个小小的沙漠绿洲有 100 座寺庙和 5 000 多名僧侣。现代考古研究证明这个说法似乎是可信的。在和田，玄奘向僧侣讲法并向附近的数个绿洲发出请求，希望能够重新获得他在印度河失去的经文。

玄奘在和田逗留的主要目的似乎是想要获得重新进入中土的官方许
可。在抵达绿洲之后他就通过一个商旅向太宗皇帝发出了一封信。他的
宫殿远在东边 1 500 英里的长安。在信中玄奘承认他“冒越宪章”并“私 97
往天竺”，去研习佛陀的教义。15 年之后，法师准备带着无数的经文回到
中土，并希望能与太宗皇帝会面。太宗皇帝的回复在许多个月之后才到。
他热烈地欢迎法师，并且告诉他地方官员都会提供他脚夫和驮马来运送
他的行李。玄奘开始踏上漫漫长路的最后一段，最后他会抵达唐朝的首都。

公元 654 年，随着玄奘和他的随从们开始接近长安的城墙，他们穿过绿色的麦田，这些谷物从分布渭河两旁的复杂灌溉系统中吸取水分。在他 16 年之前离开的，巨大的长安西门处，一个帝国官员的代表团和一大群仰慕者聚集着欢迎他。他回家了。

一段旅程的回顾

在玄奘抵达长安的数天之中，政府以他的名义组织了盛大的典礼。

他带回的舍利、佛像和经文都对公众展览。在一场五光十色的游行中，这些东西被运送到了一座寺院。而这座寺院是唐太宗新近为了纪念他的母亲而建造的。在数周之后，玄奘在帝国的东都洛阳与唐太宗会面。在这次会面中，皇帝催促玄奘把他拜访过的土地和民族整理成报告。在说服法师成为帝国官员不果之后，唐太宗同意资助玄奘的翻译工作。

玄奘把他人生中剩下的 13 年都花在两个首都附近的寺院中。与唐太宗会面之后他与集结起来的翻译队伍一起，对从印度带回来的经卷进行翻译，其中一位助手协助他完成了《大唐西域记》。在翻译工作之余，他还忙里偷闲进行了许多讲道的工作。

玄奘是最伟大的佛经翻译者之一。经过 20 年的努力，他和他的团队把 75 部经典——几乎是所有佛经的四分之一——从梵语翻译成汉语。尽管他作为翻译家的辉煌成就，并没有平息中国佛教徒之间的宗派争端，但是他的翻译成果，大大增加了佛教教义在中国文化的重要性。

98 他的翻译也有益于朝鲜半岛、日本、越南的佛教发展。当时在这三个地区，对汉语的掌握是有识之士的标志。在唐代，一直有从朝鲜半岛和日本（以及从越南）来的数量较少的僧侣前往长安，跟随着中国的佛教大师学习。在唐朝首都停留一年之后，这些僧侣把许多佛教经卷带回故乡。其中就有许多是玄奘翻译的。这样，玄奘的影响力辐射到了唐朝以外的范围更广的东亚地区。

玄奘对唐太宗扩张政策的影响也值得注意。在 7 世纪 30 年代到 40 年代——正好是玄奘旅行的时期——在汉朝崩溃之后，唐太宗重新建立了汉人在塔克拉玛干地区的影响。公元 630 年，一支规模庞大的军队击毁了东突厥的军队，汉人控制了蒙古草原的大部。几乎是同时，汉人精妙的分而治之的策略，导致了西突厥帝国的崩溃（其统治者叶护可汗在公元 630 年还接待过玄奘）。在击败了中亚最强悍的游牧民族之后，汉人控制了环绕着塔克拉玛干沙漠的绿洲。就像我们所看到的，玄奘回程时所访问的两个绿洲，喀什与和田在 7 世纪 30 年代都已经成为了唐朝的附庸。到下一个十年的最后，吐鲁番和高昌，这两个玄奘在西行时访问的绿洲都被唐朝所统治。作为这些领土扩张的结果，在一个世纪左右的时间中，唐朝控制了从首都到费尔干纳河谷的丝绸之路。

就像在唐朝前半段的大多数皇帝一样，太宗也是佛教的支持者。仅仅因为这个原因，皇帝也一定非常想要与玄奘会面。而且，唐太宗也一定会因为与信仰无关的理由，急着与这位著名的法师见面。玄奘刚从唐太宗吸纳入他帝国的地区前来，法师提供的信息可能会导致新的征服行动。我们可以猜测，玄奘的《大唐西域记》为唐太宗和他的继任者们提供了信息，帮助他们巩固对于塔克拉玛干地区和吉尔吉斯斯坦的控制，直到下一个世纪。

在这一时期，汉人也一定了解到了一些新事物，主要是从印度这里，例如精白糖。旅行者所建立起来的联系，被跨地区贸易所增强、放大，明显促进了在物质方面的交换。举例来说，椅子在抵达中土之前已经被印度引进了。玄奘简要报告了高级印度官员使用椅子的情况——“官员使用根据他们不同的审美观念，涂着漂亮的油漆和装饰的座位”。从旅行者处获 99
得的，关于这种物件的知识使中土的佛教徒更为广泛地使用椅子——但是他们也警告说需要在冥想时避免椅子带来的舒适。自此之后，椅子在方方面面都进入了汉人至少是上流社会的生活。旅行能够带来广泛的、但是平凡的成果。

有些历史学家也论证说，中国的佛教旅行者，以及他们所接触的游牧民族贸易者，一起影响了中国的经济和对外政策。他们暗示中国的商人们从新的对外贸易和商业准则中获益。这帮助刺激了在唐朝之后的宋朝中城市商业活动的巨大发展。毫无疑问中国的贸易与制造业在10世纪与11世纪（宋朝于960年创立）有极大的发展。外国同行带来的刺激，通过商人与佛教旅行者带回国内，不能被低估。这可能不是第一次，也不会是最后一次，宗教旅行产生了无心插柳柳成荫的经济效果。

玄奘旅行的另外一项持久的遗产也应被重视。在他死后数个世纪中，玄奘的旅行成为了通俗民间故事和民谣的主题。在整个中国的村庄广场和集市上，说书人和卖唱艺人用差不多是基于法师旅行的有趣故事来娱乐听众。随着时间的流逝，说书人在玄奘的旅行团队中加入了英雄主义的猴子和贪婪的猪的形象，他们都具有超人的能力。逐渐地，那只名叫孙悟空的猴子成为了故事的主角，而玄奘则退隐幕后。

在 1592 年，被玄奘旅行所激发的，但是现在却是围绕着一只猢狲而展开的口述传统，成为了小说这种文学体裁，这就是《西游记》的诞生。这要归功于作家吴承恩。这部小说成为中国传统文学中最伟大、流传最广的经典之一。也许同样重要的产生这部小说的口述传统，也保留了下来。在今日的中国，说书人、皮影戏艺人和街头卖唱艺人依然继续着，用可以追溯到公元 7 世纪、一位博学而坚韧的佛教僧侣旅行的故事来娱乐他们的听众的传统。

其他的佛教徒旅行者

佛教也激起了其他人旅行的欲望。他们的旅行为东亚和南亚各个不同的部分展开了新的联系。举例来说，到公元 6 世纪，有些朝鲜半岛的僧侣旅行至印度进行学习。他们学习梵语并深化对佛教教义的理解。公元 526 年，一位名叫“kyomik”的僧侣在旅行之后，带回了一位印度僧人以及
100 一些梵语的宗教经文。朝鲜国王欢迎这个代表团的到来，并且开始资助进一步的学术研究。佛教也把朝鲜半岛的僧侣带到了像中国这样的学术中心。

公元 6 世纪到 7 世纪间，日本的学者也前往中国进行了许多旅行，以更好地理解佛教。他们的旅行不仅仅带来了新的宗教灵感，中国文化的其他方面也流传到了日本。例如与佛教有关的艺术风格就深深地影响了日本。留学及朝圣不断地刺激日本内部，以及中国、日本和朝鲜半岛之间的旅行。晚至 13 世纪，日本的地方官依然在资助留学并邀请中国僧侣前往日本领导佛教机构。有一位中国的访问者就把一个日本女性无外如大（Mugai Nyodai）训练成了他的继承人。这件事情再次说明了宗教联系如何能够产生更为广泛的影响。

佛教旅行网络也延伸到了东南亚，尤其是在强烈的伊斯兰教影响还没有出现的当时。在苏门答腊岛（现在印度尼西亚）的巨港（Palembang），出现了一个重要的佛教教育中心，吸引了许多中国来访者。另外一个富有

冒险精神的中国朝圣者义净在671年开创了新的联系。他在前往印度的海路上经过巨港，在那里逗留了6个月（之后他在印度待将近25年）。义净学习梵语和佛教教义，把许多经文带回中土，并进行翻译以使它们流传更广。他也撰写了许多其他中土朝圣者的传记。不仅仅包括前往印度的朝圣者，还有前往巨港的。而他的作品鼓励了其他虔诚的旅行者。

同样是义净，在作品中表达了他这样的开拓性旅行者遇到的情感挑战，即使是坚贞的信仰也不能完全消弭这种困境："我在孤独的旅途中穿过了上千个不同的地方。万种悲伤的思绪萦绕我的心头。为何只有我的身影流连在海外？"但是他用佛教徒的决心来回应自己的困境："如果我为短短的一生而悲伤，那么我如何充实我今后的（永恒呢）？"这样在一个短短的作品中，我们看到了在后古典时代宗教动机和长途旅行的挑战之间深深的联系。

结 论

佛教旅行的伟大时代在公元8世纪结束。在佛教国家之间和内部，依然有重要的朝圣旅行，而学生也常常前往主要的学术中心。从日本和韩
国到东南亚的道路，依然畅通。这一区域的经济也十分繁荣，中国商人在 101
整个地区都非常活跃；的确，中国所需求的，必须进口的主要产品，茶和香料[①]的贸易就在这个区域内进行。

然而远离熟悉的道路的英雄式的旅行现在已经消失。佛教在印度的衰落，降低了传教的热情，也使得其他国家的佛教徒不那么想要访问印度次大陆了。印度的统治者则已没有了向外传播宗教的热情。之后的唐朝的皇帝们开始灭佛，这也让宗教性的旅行大大减少。然而所有因素中，可能最重要的是伊斯兰军事和宗教活动开始越来越多地排挤佛教和中亚的（可见第六章、第七章）佛教旅行机构。这为其他地区的旅行者提供了新的机遇，但是让佛教的旅行变得困难。从更为广阔的角度看，伊斯兰商人

---

① 原文如此。——译者注

还统治了印度洋，这也阻碍了佛教向外传播。

在这背景下，探险式旅行的中心转移到了中东、北非和之后的欧洲。宗教因素依然存在，但是其焦点是伊斯兰教和之后的基督教。

延伸阅读

章节引文来自以下作品：

The quoted passages in this chapter are drawn from:

Sramana Huili, *A Biography of the Tripitaka Master of the Great Ci'en Monastery of the Great Tang Dynasty*, trans. Li Rongxi（Berkeley, Cal.: Numata Center for Buddhist Translation and Research, 1995）

Xuanzang, *The Great Tang Dynasty Record of the Western Regions*, trans. Li Rongxi（Berkeley, Cal.: Numata Center for Buddhist Translation and Research, 1996）

隋唐时代的中国

S. A. M. Adshead, *T'ang China, The Rise of the East in World History*（New York: Palgrave Macmillan, 2004）

Jacques Gernet, *Buddhism in Chinese Society: An Economic History from the Fifth to the Tenth Centuries,* trans. Franciscus Verellen（New York: Colombia University Press, 1995）

Valerie Hansen, *The Open Empire: A History of China to 1600*（New York: W. W. Norton, 2000）

Lawrence Sickman and Alexander Soper, *The Art and Architecture of China,* 3rd ed.（New Haven, Conn.: Yale University Press, 1968）

世界中的中国

S. A. M. Adshead, *China in World History*, 3rd ed.（New York: St.Martin's Press, 2000）

John Kieschnick, *The Impact of Buddhism on Chinese Material Culture*（Princeton, N. J.: Princeton University Press, 2003）

Jane Gaston Mahler, *The Westerners Among the Figurines of the Tang* 102
Dynasty of China（Rome: Is. M. E. O., 1959）

Edward H. Schafer, *The Golden Peaches of Samarkand: A Study of Tang Exotics*（Berkeley, Cal.: University of California Press, 1963）

——, *The Vermillion Bird: T'ang Images of the South*（Berkeley, Cal.: University of California Press, 1967）

Tansen Sen, *Buddhism, Diplomacy, and Trade: The Realignment of Sino-Indian Relations, 600–1400*（Honolulu, HI: University of Hawai'I Press, 2003）

丝绸之路

Richard C. Foltz, *Religions of the Silk Road: Overland trade and Cultural Exchange from Antiquity to the Fifteenth Century*（New York: St. Martin's Press, 1999）

Ian Gillman and Hans-Joachim Klimkeit, *Christians in Asia Before 1500*（Ann Arbor, Mich.: University of Michigan Press, 1999）

Annette L. Juliano and Judith A. Lerner, *Monks and Merchants: Silk Road Treasures from Northwest* China（New York: Harry N. Abrams, 2001）

Xinru Liu, *Silk and Religion: An Exploration of Material Life and the Thought of People, AD 600–1200*（Delhi: Oxford University Press, 1998）

Susan Whitfield, *Life Along the Silk Road*（Berkeley, Casl.: University of California Press, 1999）

佛教徒旅行者

Rene Grousset,*In the Footsteps of the Buddha,* trans. Mariette Leon（Freeport, N.Y.: Books for Libraries Press, 1932）

Herbert Eugen Plutschow, 'Japanese Travel Diaries of the Middle Ages',

Oriens Extremis, 29.1-2（1982）: 1-131

Edwin Reischauer, *Ennin's Travels in T'ang China*（New York: Ronald Press, 1955）

Arthur Waley, *The Real Tripitaka and Other Pieces*（London: George Allen and Unwin,1952）

Sally Hovery Wriggins, *The Silk Road Journey with Xuanzang,* rev. ed.（Boulder, Cal.: Westview Press, 2004）

Wang Zhenping, *Ambassadors from the Islands of the Immortals: China-Japan Relationships in the Han-Tang Period*（Honolulu, HI: University of Hawai'i Press, 2005）

中亚和印度

David Christian, *A History of Russia, Central Asia and Mongolia*, Vol.I: *Inner Asia from Prehistory to the Mongol Empire*（Oxford: Blackweill, 1998）

D. Devahuti, *Harsha: A Political Study,* 3rd revised ed.（Delhi: Oxford University Press, 1998）

B. A. Litvinsky, 'Outline History of Buddhism in Central Asia,' pp. 53-132, in B. Gafurov *ed al.*, eds. *Kushan Studies in USSR*（Calcutta: Indian Studies, 1970）

Romila Thapar, *Early India: From the Origins to AD 1300*（Berkeley, Cal.: University of California Press, 2002）

103 原始资料

Samuel Beal, trans., *Si-Yu-Ki: Buddhist Records of the Western World*（London: Trubner, 1884; reprint, Delhi: Munshiram Manohalal, 1969）

Sramana Huili, *A Biographu of the Tripitaka Master of the Great Ci'en Monastery of the Great Tang Dynasty*, trans. Li Rongxi（Berkeley, Cal.: Numata Center for Buddhist Translation and Research, 1995）

Edwin O. Reischauer, trans., *Ennin's Diary: The Record of a Pilgrimage to China in Search of the Law*（New York: Ronald Press, 1955）

Xuanzang, *The Great Tang Dynasty Record of the Western Regions*, trans. Li Rongxi（Berkeley: Numata Center for Buddhist Translation and Research, 1996）

Yijing, *Chinese Monks in India*, trans. Latika Lahiri（Delhi: Motilal Banarsidass, 1986）

——, *A Record of the Buddhist Religion as Practiced in India and the Malay Archipelago*（*A. D.* 671-695）, trans. J.Takakusu（Delhi: Munshiram Manoharlal, 1986）

Anthony C.Yu, ed. and trans.,*The Monkey and the Monk: An Abridgement of the Journey to the West*（Chicago, Ill.: Univeristy of Chicago Press, 2006）

第六章

决定性的新框架

介 绍

104 后古典时期迅速地开始建立起了宗教刺激旅行的机制，就像佛教旅行家所证明的那样。而新的商业探险也随之而来。到公元 10 世纪，阿拉伯和波斯的水手常常花 18 个月前往中国海岸。尽管这些长距离的旅行很快就被更短的、跳跃式的航行所取代。但是由印度和东南亚穆斯林商人建立的贸易联系，依然持续着。

然而在公元 1000 年之后的 3 个世纪中，与欧亚—非洲旅行和联系相关的系统发生了最具决定性的变化。与这些变化相连的是宗教的刺激，尤其来自于伊斯兰和基督教。它们改变了政治系统，促进了经济进步。数项新的科技进步应用于航海领域，结果导致穆斯林和基督徒比他们的佛教前辈旅行得更远。

13 世纪和 14 世纪，宗教习俗、经济生活和政治体制等方面的发展，使得陆路旅行和海路旅行的数量和距离出现了显著的增加。士兵、水手、商人、朝圣者、传教士、奴隶、战俘、手工艺人、科学家、艺人、外交使节、官方信使、江湖骗子、冒险家和叛乱者，以比之前更大的规模在东西方之间旅行。

中亚，从佛教到伊斯兰教

我们在之前章节中了解到的玄奘在中亚的旅行，恰逢这个地区历史的重要转折前夕。在605年，阿拉伯伊斯兰的军队刚征服波斯之后，就横扫整个东北方，攻占了马尔夫城（Merv）。此地位于现在土库曼斯坦的马里城（Mary）。马尔夫城的被攻占，标志着整个穆斯林的军事力量进入了 105
中亚平原。在下一个世纪中，他们稳定地向东进军，获得了很多盟友，并沿途让突厥人皈依伊斯兰教。在751年，穆斯林的军队在靠近费尔干纳（今吉尔吉斯斯坦）帕米尔山脉中的怛罗斯河畔，成功地击败了一支相当规模的汉人军队。

怛罗斯的胜利，使得伊斯兰军事领袖控制了大部分帕米尔高原以西的中亚地区。在玄奘的时代，这是个佛教地区；现在却成为了伊斯兰教地区。尽管文献记载不足，但是我们根据现有的史料推测，在公元850年帕米尔高原以西的中亚城市都已皈依伊斯兰教了。950年，乡村居民也步了城市居民的后尘。

中亚宗教图景改变的一个重要后果，就是玄奘和其他数不清的旅行者所依靠的佛教寺院网络的衰落。伊斯兰教士兵常常把寺院作为目标，因为他们把佛教的塑像和画像都看作偶像崇拜的产物。另外，随着帕米尔高原以西的人们渐渐皈依伊斯兰教，躲过了第一波破坏的寺院面临的是地租的减少。结果是到1000年，很少有佛教的“接待网络”能够幸存下来。这些寺院曾经在1000年中为无数的旅行者提供庇护。

然而，伊斯兰教传播至中亚地区，以及世界上的其他地区，对于旅行者的总体影响是有益的。举例来说，阿拔斯王朝（750—1258）的早期哈里发们，为从印度河流域到大西洋的广大区域带来了政治稳定。在整整150年间，阿拔斯王朝造就的“伊斯兰和平”，由诸如哈伦·阿尔拉希德（786—809年在位）这样的哈里发所统辖，促进了广至亚非欧三大洲中所有旅行的繁荣。

比阿拔斯王朝缔造的政治秩序更为持久的，是伊斯兰教义和生活方式的传播。无论他们前往何处，穆斯林的军事领袖、行政官员、传教士和学者都鼓励建立基于伊斯兰诫命的法律系统。逐渐地，这些努力导致了皈依至这个新宗教的各种人群的一种文化上的统一感。

因为穆斯林不断地把他们看作一个巨大国际信徒共同体（阿拉伯语：umma，乌玛）中的一员，并践行共同的准则。因此旅行者从 dar al-Isam（阿拉伯语："伊斯兰法律治下之地"）的一地旅行至另外一地所遭受的文化冲击不是非常严重。另外，"五功"（五种必要的行为）中的两种要求穆斯林特别照顾旅行者。而朝觐则要求虔诚的穆斯林，最少要到麦加去一次进行朝圣。这进一步增加了前往阿拉伯城市，例如开罗、大马士革
106 和巴格达，以及伊斯兰世界中更为偏僻地方的旅队数量。相似的，要求穆斯林向慈善机构捐献的功课（天课），也为伊斯兰的政府机构建立旅店网络提供了资金。这些旅店通常包括存放货物的仓库，供驮兽使用的马厩，它们被称为"队商旅馆"（caravansary），为商人、朝圣者、官员和学者服务。在公元 1000 年之后这样的旅行者的人数增加，而新的伊斯兰"接待网络"则变得越来越复杂，替代了其佛教前身并延伸至更广的区域。

中国的跃进

在公元 1000 年伊始，中国是第二个让旅行者受惠的一系列主要变化的发生地。尤其是那些走海路的旅行者。在 751 年被阿拉伯伊斯兰军队在怛罗斯击败之后，汉人从帕米尔高原以东的两个关键地区，也就是塔克拉玛干沙漠和甘肃走廊撤出。他们无法再从游牧民族的攻击中防御这两个地区。在放弃了塔克拉玛干和甘肃的守卫之后，唐朝皇帝也放弃了丝绸之路上关键的一段。在之后的数百年中，塔克拉玛干和甘肃成为了一系列中亚民族的争夺对象。这使得中国和中亚之间的旅行和贸易的数量都有所下降。

唐朝撤出它的西部领土，这仅仅是从 750 年左右开始改变了中国生活的一系列重大变化的一个方面而已。在持续的内部纷争和突厥游牧民族不断地从西方和北方的攻击，导致了唐朝政权在 907 年的崩溃。短暂的

政治混乱过去之后，一个名叫赵匡胤的将领建立了宋朝（960 —1279 年），并且重新建立了中央权威（尽管其领土比起初唐帝国来说缩小了很多）。

宋朝是中国历史上一个主要的经济和社会转型期。许多汉人为了逃离黄河流域——国家传统的政治和经济中心——的政治和军事混乱，前往相对安全的亚热带的南方，例如长江下游和海岸。这个趋势似乎一直延续到 11 世纪。因此到 1000 年的时候，中国历史上南方“鱼米之乡”的人数超过了半干旱的北方即小麦和大麦的故乡。

中国南方现在崛起了，成为巨大的经济发展中心，并且持续了数个世纪。这场崛起甚至影响到了遥远的地中海。各种早熟的稻米和农业技术的革新增加了农业产出，支持着人口的快速增长和城市的扩张。茶叶、丝 107
织品、纸、瓷器、煤炭、铁和钢的产量都直线上升。随之而来的是贸易活动的发展。为了进一步发展贸易，宋朝政府开始印刷纸币。另外，宋朝征服也继承了唐朝皇帝的做法：进一步地依赖货币税收而非实物地租。这些趋势的结果是，在 1000 年之后的数个世纪中，中国是世界上生产力最高、科技最先进的国家，并且拥有商业化程度最高的经济。

宋朝的高速经济增长最重要的方面之一，就是中国开始更多地参与到海外商业中。在过去，正如我们在前面几章中看到的那样，大部分中国的国外贸易，都指向穿过中亚的丝绸之路。这些道路在宋朝的前期依然承载着商旅，但是数量已经减少。

无论如何，宋朝的皇帝们在他们统治的一开始就坚定地促进海上贸易。这可能是因为他们认为这是潜在的额外税源。在唐朝，只有一个港口广州被授权能够进行进出口贸易。宋朝皇帝增加了另外八个。在每个城市中还建立了市舶司以监督商人，检查商船，征收进口关税。凡是增加缴税的参与海上贸易的商人都会得到官职作为奖赏。宋朝皇帝还通过疏浚港口，建造船坞、船埠、码头、仓库和海军哨所这些措施改善海上贸易的条件。

1127 年，位于黄河畔的宋朝首都开封被一支从满洲来的，自称女真的猎人 / 农夫的军队攻陷。由于失去了黄河流域，宋朝皇帝的“南部策略”得到了进一步的增强。在被称为南宋（1127—1279 年）的宋朝后半期中，皇帝们把他们的首都迁移到了南部的大型商业中心——杭州。由于失去了北方的税收，皇帝们试图通过加强促进海上贸易的努力来弥补。

结果，到12世纪中叶，中国的航运家拥有可能是世界上独一无二的数量庞大、科技先进的商业舰队。中国的平底帆船（junk，来自于马来语，“jong”）有着数根桅杆，坚固的竹帆，带有水密部件的船体，固定的舵［而非引导桨（steering oars）］，以及水手的罗盘。有些船只长达200英尺，能够载500吨货物。尽管平底帆船主要用来载货，他们有时也搭载乘客——
108 大部分毫无疑问都是商人。为旅人提供的便利设施包括私人包厢、洗澡水、在甲板上的大篮子里种的新鲜蔬菜。

在中国人所称的“南海”贸易，也就是在中国海域和印度洋海域进行的商业活动中，有许多船只参与。从广州以及在更北的地方新近崛起的港口例如泉州出发的船只，把丝绸、茶叶、大黄、生姜、瓷器和金属制品运送到东南亚的各处港口（位于现在的越南、爪哇、马来半岛和苏门答腊），南亚（斯里兰卡和印度）和波斯湾。回程的时候携带象牙、熏香、胡椒、棉布、肉桂、肉豆蔻、肉豆蔻的干皮等等一系列“南海”珍物——以及无数的商业旅行者。

蒙古和平

在后古典时代，第三次旅行大爆发就是在蒙古和平时代。这个时代是欧亚大陆的大部分都得享稳定的时代，公元1250—1350年左右。在成吉思汗（卒于1227年）以及他的继承者发动的一系列征服之后，在1251年成吉思汗的孙子蒙哥被推举为可汗时，蒙古人统治的土地从朝鲜半岛和中国北部延伸至中亚，直达黑海和匈牙利平原的边缘，总长共6 000英里。蒙古帝国的广阔程度是世界史上空前的。

但是蒙古人扩张的欲望还没有得到满足。1253年，蒙哥命令他的弟弟之一旭烈兀（Hulegu）去获得西亚的控制权。但是大部分的西亚依然受到位于巴格达的阿拔斯哈里发名义上的统治。在五年之内，巴格达就落入侵略者之手，最后一任哈里发被处决，而蒙古的边境则拓展到了幼发拉底河以西的叙利亚。在这个离耶路撒冷不远，已经是地中海的海岸的地方，蒙古帝国的西进运动终于停止。1260 年，在现在以色列北部拿撒勒的位置，一支埃及军队击败了蒙古人，强迫游牧民族撤回幼发拉底河。而这里就成为了中东蒙古帝国的边境（大波斯）。

在旭烈兀和他的士兵在 13 世纪 50 年代向巴格达进发的时候，他的兄弟忽必烈，继续着蒙古征服中国的尝试。从成吉思汗起，这就是游牧民族的主要目标。蒙古人战斗了二十多年，从 1211 年到 1234 年，从女真人手中夺取了中国北部。而游牧民族需要更多的时间来击败南宋军队，控制满是沼泽和丘陵的中国南部。在 13 世纪 50 年代最初的成功之后，南进的行动在蒙哥死后暂时中止。他的死亡在皇族之间引发了一场血腥的争端，决定谁才能成为新大汗。

到 1264 年，忽必烈在竞争中胜出，继承了蒙哥的汗位。他很快就继 109
续征服南宋土地的努力。为了在南方获胜，忽必烈和他的将军们使用了各种从外族那里学到的战法。中国的变节者和战俘，教授了游牧民族如何制造火药。熟悉攻城战的中东的穆斯林，为他们制造了复杂的投石机。蒙古人就用它们向南方的城墙猛攻。当忽必烈意识到他的士兵得要在河流和近海作战时，他召集了中国和朝鲜半岛的变节者——以及两个臭名昭著的中国海盗——组织并领导了一支“蒙古”海军。这些外国人的帮助对蒙古的征服非常重要，帮助他们在公元 1279 年的一场海战中，击败了南宋最后的抵抗力量。

忽必烈在 12 世纪 20 年代之后再次统一了中国的南方和北方，现在，他是世界上最富有、人口最多的国家的统治者。他也是理论上的大汗，蒙古地位最高的统治者，欧亚大陆其他地区的统治者都应该听从他。然而，在蒙哥死后爆发的继承危机，标志着蒙古君王之间的政治统一事实上的终结。到 13 世纪 60 年代蒙古帝国分裂成了四个基本上互相独立的汗国。在俄国，蒙古人被称为金帐汗国的可汗。在波斯他们被称为伊尔可汗。在中亚，这个最不稳定的汗国是察合台汗国。在中国，忽必烈则像个中国皇帝一样进行统治。

蒙哥死后蒙古帝国的分裂意味着，我们不能简单地看待“蒙古和平”

这个术语。因为在之后的数百年间，各个汗国内部和互相之间都有相当的冲突。俄国的金帐汗国和波斯的伊尔汗国之间的冲突尤其尖锐，它们都试图控制高加索地区富饶的牧场。另外金帐汗国的可汗和察合台可汗，一直都欺骗着忽必烈。在各个可汗国内部，它们也有各种植根于长久以来的地区传统、民族、部族与家庭紧张关系的地方斗争。

然而，与之间和之后的时代比较，蒙古统治的时代依然带给欧亚大陆许多地区以非凡的稳定。总体上，可汗们在建立、并维持前所未有规模的政治秩序上（如果说不是和平的话）是成功的。

可汗成功的一个标志是在丝绸之路上旅行者数量和种类的激增。士兵、商人、朝圣者、传教士、工匠、科学家、画家、雕塑家、艺人、外交使节和官方信使都在路上旅行，比之前任何一个时代都多。大量的欧洲人、俄国人、波斯人和阿拉伯人都向东前往中亚和中国。相对较少的中国人和中亚人
110 前往波斯。有一个突厥聂斯脱利基督徒从中国北部旅行至波斯，并且由此继续作为伊尔汗国的使节前往西欧。

特殊的蒙古政策也在各种方面帮助增加长距离旅行。当旭烈兀的士兵在13世纪50年代向西前往巴格达时，他们强迫所经过地区的人民为他们的马车和牛车修建道路和桥梁。这些道路并非铺设，但是依然比他们所替代的小道要更宽、更结实。桥通常是由船只并排，然后在上面铺上木板和土造成。这种技术波斯人在公元前5世纪入侵希腊时就使用过。蒙古可汗和国王通过从穆斯林和突厥商人那里借银币，进一步增加了丝绸之路的商队数量。商人们建立了被称为“Ortoys”的商业公司。为了让蒙古的信使和使节更为快捷的旅行，可汗们建立了一个范围很广的邮递网络，被称为“Yam”系统。其中包括在主要道路上按固定间隔设置的旅店和换马的场所。授权能够使用“Yam”系统的人，携带着被称为“权力之证”的蒙古“护照”，这让他在旅行时受到强盗攻击的几率大大降低。

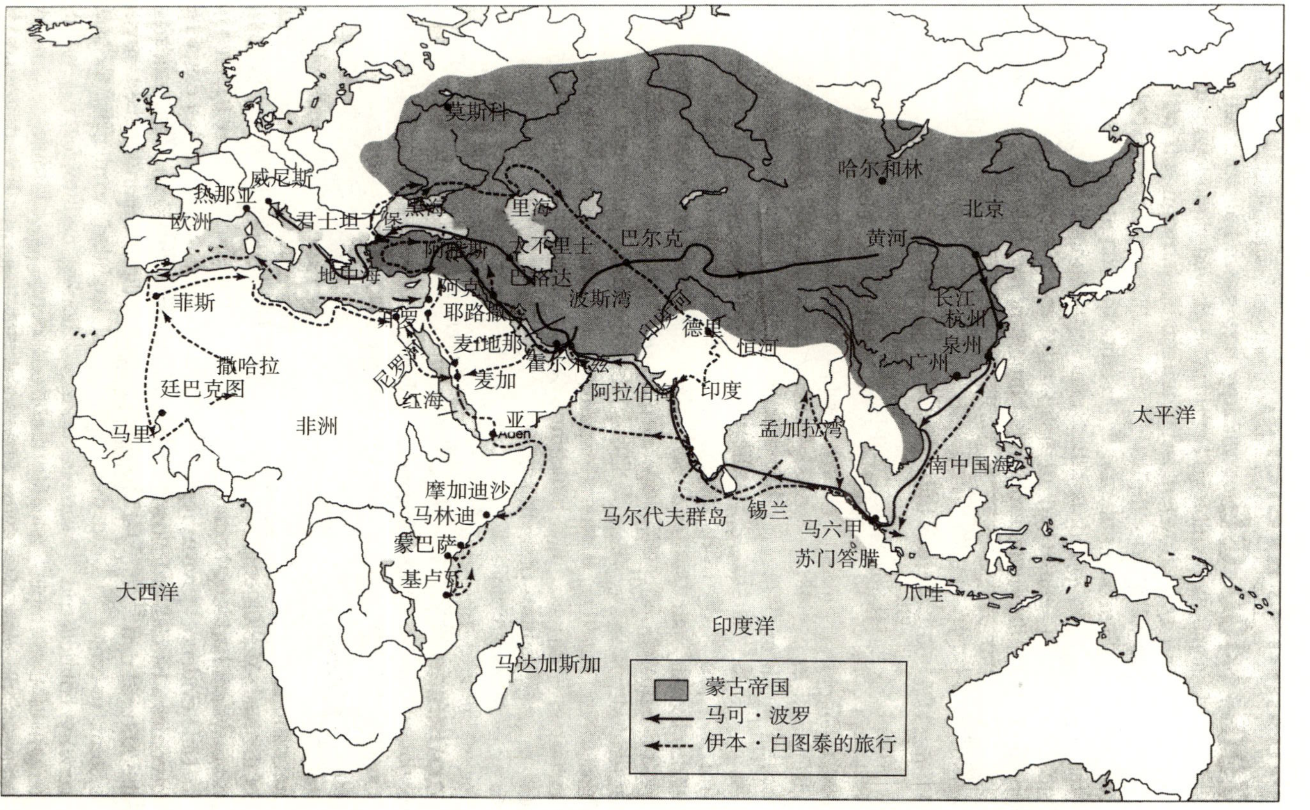

图4　马可·波罗和伊本·白图泰的旅行

延伸阅读

中亚，从佛教到向伊斯兰教

David Christian, *A History of Russia, Central Asia and Mongolia*, vol. I: *Inner Asia from Prehistory to the Mongol Empire*（Oxford: Blackwell, 1998）

Ira M. Lapidus, *A History of Islanic Societies*, 2nd ed.（Cambridge and New York: Cambridge University Press, 2002）

B.A.Litvinsky, 'Otline History of Buddhism in Central Asia,' pp.53-132 in B. Gafurov *et al., eds. Kusban Studies in USSR*（Calcutta: Indian Studies, 1970）

中国的跃进

S. A. M Adshead, *China in World History*, 3rd ed.（New York: St.Martin's Press, 2000）

Valerie Hansen, *The Open Empire: A History of China to 1600*（New York: W. W. Norton, 2000）

William H. McNeill, *The Pursuit of Power: Technology, Armed Force, and Society since AD 1000*（Chicago, Ill.: University of Chicago Press, 1982）

蒙古和平

Peter Jackson, *The Mongols and the West*, 1221-1410（Harlow: Pearson Longman, 2005）

Janet L. Abu Lughod, *Before European Hegemonny: The World System AD 1250-1350*（Oxford and New York: Oxford University Press, 1989）

David Morgan,*The Mongols*（Oxford and Cambridge, Mass: Blackweill, 1986）

第七章

伊斯兰旅行者：
公元700—1400年

导 言

伊斯兰旅行者理所当然地成为了后古典时代晚期联系框架大变动的受益者。我们将会看到最伟大的旅行家，伊本·白图泰从整个中东和东亚的道路—旅店网络、蒙古统治所提供的政治稳定、从地中海到非洲到亚洲四通八达的繁荣贸易中心处，受益良多。但是因为多重原因，在后古典时代的早些时候就已经形成穆斯林的旅行模式。更富有雄心壮志的路线不仅从陆路前往中亚，而且还穿过印度洋的数个不同部分。本章将会探索12 世纪到 14 世纪的穆斯林的旅行的开拓和高潮部分。 112

信使和外交官

在 7 世纪后半叶，倭马亚哈里发（661—750 年）建立了一个帝国通信网络，被称为“*barid*”。这个系统基于一群骑马的信使和各个分散的精致旅店和马厩，把他们的首都大马士革同其他阿拉伯—穆斯林帝国中的重要城市联系在一起。就像我们在第二章中看到的，中东和其他地区长久以来，一直在使用这类通信网络。

关于倭马亚邮政系统的史料基本没有留存下来。但是在750年的政权交迭、阿拔斯王朝(750—1258年)建立之后,情况变得更为清晰。阿拔斯哈里发拓展了倭马亚的系统,将其中心设在他们新的首都巴格达。因此到9世纪的时候,骑着骆驼、驴子、马匹和骡子的信使满布现在喀布尔到阿尔及利亚之间的道路,其长度差不多有4 000英里。在后来10世纪的时候,这个系统包括了超过900个驿站,每个间隔6—12英里。历史学家阿尔·塔
113 巴里(al-Tabari)为我们提供了关于阿拔斯信使速度的信息。骑马的信使通常一天能走90英里。这个速度只有日夜兼程赶路才能达到。

在帝国的交通网络内旅行的通常都是政府相关人士。主要的使用者是哈里发的官员,虽然也有一些私人使用者。另外从送往巴格达,或是从巴格达寄出的信件,都试图加强哈里发和以他之名统治的各个军事精英阶层人士的权力。于是,当信使系统在11世纪中叶崩溃时,阿拔斯国家的分裂也随之加剧。然而在衰落尚未无可救药时,在蒙古于1258年劫掠巴格达之前,哈里发还资助另外一种旅行,就是前往邻近和遥远国家的外交使命。

为了表现这种旅行的重要性,我会在这里举几个阿拔斯时代的外交官进行长途旅行的例子。虽然史料很少,但是在加洛林王朝时代的欧洲,查理大帝(786—814年在位)似乎三次向位于巴格达的哈伦·阿尔·拉希德(786—809年在位)的宫廷派出使节。根据欧洲的资料,哈伦·阿尔·拉希德也派出使节,陪伴两个加洛林使团回到位于亚琛的法兰克宫廷。很快在821年,塔米姆·伊本·巴赫尔(Tamim ibn Bahr)就以阿拔斯使节的身份,旅行至位于现在蒙古的维吾尔游牧民首都。在这件事之后的一个世纪,921年或是922年,哈里发穆克塔迪尔(al-Muktadir)派遣伊本·法德兰(Ibn Fadlan)从巴格达出发,出使保加尔国王,然后抵达俄国东南部的伏尔加河下游。

尽管关于阿拔斯外交使节的史料不多,但是我们所拥有的片段史料,依然能够为我们对于阿拉伯—穆斯林的政治性旅行的理解有所助益。例如,塔米姆·伊本·巴赫尔前往中亚旅行的简要记述告诉我们,当他抵达撒马尔罕东方的草原时,他借着由维吾尔可汗提供的一系列马匹继续向

东旅行。根据塔米姆的记载，维吾尔人有着他们自己的驿站系统，由居住在帐篷中的人操作。塔米姆报告说他在抵达维吾尔首都之前，凭借着这个系统旅行了 40 天。由此可以得出他旅行的速度是每天 50 英里，这个数字非常可信。

航海者

塔米姆·伊本·巴赫尔从巴格达前往蒙古的旅行，总共的里程大约
是 3 500 英里。虽然单看其数字令人印象深刻，但是与同时代横渡印度洋
的穆斯林商人比起来，就略逊一筹了。从巴士拉（Basra）到广州，里程超 114
过 6 000 英里。两者分别是 8 —9 世纪的一个主要阿拔斯港口，和同时代
中国的主要货物集散地。在 9 世纪早期穆斯林商人——有阿拉伯人和波
斯人——开始在这两个港口之间进行航行（沿途停靠许多地方）。这样他
们就建立了 1 500 年之前世界上最长的商业路线。

这些横渡印度洋前往中国的早期远航的文献史料稀少但是富有启发性，尤其是考虑到它们能够与物质留存互相对照。中国的记录告诉我们，在一场反抗唐朝统治的起义中，出现了对广州阿拉伯人和波斯人的大屠杀。这份史料似乎证明了大量的伊斯兰商人当时设法横渡了印度洋。两份重要的阿拉伯—波斯文献佐证了中国的报告。有一本能够上溯至 9 —10 世纪的书《中国印度见闻录》（*The Account of China and India*），其作者据称是名为苏莱曼（Sulayman）的波斯商人。该书基于常常从波斯湾的港口尸罗夫（Siraf）出发的商人和旅行的经验写成。在他们的鼎盛期，他们常常旅行至广州。同样重要的是一本水手的故事集，标题为《印度奇闻集》（*The Book of the Wonders of India*）。成书年代是 10 世纪，由一位波斯船长布祖尔格·伊本·萨利哈（Buzurg ibn Shahriyhar）写成。在《印度奇闻集》中，最有趣的故事之一围绕着一位从尸罗夫港出发的技巧高超的海员阿卜哈拉船长（Captain Abhar）。在布祖尔格的故事中，他是第一个定期从波斯湾航行至中国海岸的水手。另一个布祖尔格的故事，则与一个名为依沙克·伊本·雅户达（Isahq ibn Yahuda）的也门犹太商人有关，他航行到了

中国并带回了大量的麝香和其他珍品。

尽管苏莱曼和布祖尔格对于研究印度洋商业远航的学者来说有真正的价值，但是他们的两部作品，都对远航是如何开始的只字不提。这样我们就需要借助于考古学的证据。在现在尸罗夫港的遗址进行的发掘中，出土了大量中国的陶器。学者测定其年代是9世纪早期。于是乎波斯湾港口的阿拉伯-波斯商人在哈伦·阿尔·拉希德统治时期，就踏上了前往广州漫长的航程。

这些旅行一定充满着危险。布祖尔格的故事中充斥着风波、海难和四处劫掠的海盗船。这似乎带有一定的真实性，并且可能表达了当水手和商人向东远航时所感到的恐惧。在路线上的几个重要停靠点包括印度马拉巴海岸的数个港口，马来西亚和越南南部。要航行到每个停靠点可能要花费一个月，从最后一个越南的停靠点直航至广州又要一个月。考虑到在路线上的三个主要停靠点逗留的时间（需要进行贸易、获取新的补给、船
115 只的保养），从波斯湾到中国海岸的远航可能需要大约6个月。

早期朝圣者

如果说商人是在我们时代最常出现的伊斯兰旅行者，那么，前往麦加朝圣的人应该是第二可能进行长途旅行的穆斯林。研究早期旅行的学者常常感谢他们的幸运星——朝圣者。因为比起匿名的信使和喜欢保密的商人，宗教旅行者更常为他们旅行留下文献记载。的确，伊斯兰的旅行记述也叫:“*rihla*”，是伊斯兰作家常写的一种重要文体。这很大程度上要归功于前往麦加的朝圣者。让我们现在来考察两位早期朝圣者的经历，这有助于我们了解由宗教原因而发的穆斯林的旅行。

与她的丈夫一样，哈伦·阿尔·拉希德的妻子皇后祖拜达（Queen Zubayda，763—831），数次前往麦加朝圣。她没有留下关于这些旅程的记述，但是其他的史料，有些是考古学发掘的遗物，证明她在建设朝圣者——尤其是那些参加了一年一度的，由巴格达的阿拔斯官员组织的前往麦加的车马队的人——所需要的旅行设施上居功至伟。对于这些朝圣者来说，

旅行的艰辛始于库法(Kufa)。这是一座位于幼发拉底河下游，靠近现在伊拉克的纳杰夫的商旅城市。在库法和麦加之间是宽约 800 英里的阿拉伯沙漠。在这段关键的路线上，祖贝达资助建设水库、掘井并设立休息站。为了纪念皇后的功绩，库法—麦加沿线的数个地点以她的名字命名。到了 12 世纪，当朝圣者的数量大大增加时，接连库法和麦加的道路就被称为“祖拜达之路”(Darb Zubayda)。

第二个前往麦加的朝圣者纳赛尔·霍斯鲁(Nasir-i Khusraw)生于 11 世纪早期。他出生于巴克尔，那是我们在先前章节已经数次涉及的中亚道路的汇集点。纳赛尔成为了塞尔柱突厥人政权的一位官员，然后参与了把他们的领土延伸至阿拔斯帝国东部省份的行动。在 24 岁时，纳赛尔决定辞官，前往麦加朝圣。在之后 1046—1052 年的七年间，他在中东地区四处旅行，在开罗居住了三年，然后向麦加进行了四次朝圣。在回到家乡之后，纳赛尔撰写了一份关于他旅行的记述，被称为“*Safarnama*”。这是现存最古老的穆斯林朝圣经历的记载，现在已经有了英文版本。

纳赛尔·霍斯鲁的书籍包含了关于 11 世纪伊斯兰腹地旅行的许多方面。他非常仔细地描述了他的旅行路线，精确地列出旅行各阶段之间的
里程，抵达路途上关键地点的日期也非常详细。书中的这些特点在他第一 116
次去麦加朝圣的旅行的记述中表现得非常明显。

纳赛尔告诉我们，他于 1046 年 3 月从马尔夫(今土库曼斯坦的马里城)出发，他就在那里担当塞尔柱帝国的官员。当他出发时，由他的兄弟和一位印度奴隶陪伴。这三人沿着内沙布尔(Nishapur)、大不里士(Trabriz)、凡湖(Lake Van)、阿勒颇(Aleppo)到贝鲁特(Beirut)，在一年后抵达耶路撒冷。在接下来的三个月中，他们拜访了耶路撒冷的圣地和数个其他的巴勒斯坦地区城镇。纳赛尔(可能还有他的兄弟)然后加入了一群徒步前往麦加的朝圣者，在 1047 年 6 月抵达了圣城。

这位波斯朝圣者记录到，当他沿着这条弯弯绕绕的路线抵达耶路撒冷的时候，他已经旅行了 876 波斯里，换算成英里就是 3 000 英里。如果我们再加上从耶路撒冷到麦加的 1 000 英里，那么他在从中亚到麦加的 15 个月的旅行中走了大约 4 000 英里。

通过回忆他在旅程中的经历，纳赛尔为我们提供了各种有关于他走过的地方的有趣信息。其中有波斯西北边的山地，亚美尼亚巴扎中出售的猪肉，围绕着东安纳托利亚迪亚巴克尔城（Diyarbakir）的巨大城墙，叙利亚的水车和罗马遗迹，地中海港口阿克［Acre，即今以色列的阿卡（Akko）］广阔的海港，以及耶路撒冷壮观的岩顶清真寺。

虽然在很多方面都非常详尽，但是纳赛尔还是让我们猜想一些有趣问题的答案。让我们看看以下三个问题：除了徒步从耶路撒冷前往麦加，他还通过何种手段从某地旅行至某地？他采取了何种措施保障安全？为何他绕道巴格达，在前往和离开麦加的时候都避开了祖拜达大道？这些问题的回答对于我们重新构建霍斯鲁的行动，以及对早期伊斯兰教旅行有更深入、更广泛的了解都至关重要。

纳赛尔非常可能骑着不断更换的驴子和骆驼走完从马尔夫到耶路撒冷的大部分旅程。就像我们在之前的章节看到的，由长长的驴队和驼队组成的商旅，在很久之前就出现在中东，在纳赛尔生活时，这些牲畜一定被广泛使用。他一定很轻易地加入了商队，这样就能够减少被强盗袭击的危险性。纳赛尔常常在作品中评论巴扎中物品的价格，他有时也会提到商旅所要支付的过路费，在他作品中也常常提及商队旅馆。这些都暗示他可能随着商队抵达耶路撒冷。他的路线也暗示了他的旅行与商队贸易之间的联系：内沙布尔、大不里士、迪亚巴克尔、阿勒颇和阿克都是商人在中东陆上路线中重要的货物集散地。

117 在旅行中，当他从大不里士向西穿过亚美尼亚高原时，纳赛尔告诉我们，他与一个被派来协助他的士兵一起行动。我们不清楚是谁帮助了他。在亚美尼亚，纳赛尔又得到了一名信使的陪伴。虽然他没有指明，但是这可能是一个巴格达的信使。可能在多山的亚美尼亚强盗肆虐，有官方护卫作为额外的安全措施可能是个明智的选择。

在我们结束对纳赛尔·霍斯鲁的讨论之前，让我们回到他旅程的路线这个问题上来。明显他在大部分时间都沿着主要的商贸路线旅行。但是令人吃惊的是他选择的路线非常绕，尤其是在启程时。当他从马尔夫出发时，为何不走横穿波斯的呼罗珊大道直抵巴格达，然后前往库法，再从祖拜达大道前往麦加呢？同样的问题在检视他回程的路线时也会被提出。同样他避开了祖拜达大道和巴格达，而是选择了更难走的南方道路前往巴士拉，然后是非常有挑战性地，穿过扎格罗斯山脉的山道抵达伊斯法罕。

纳赛尔没有告诉我们他避开巴格达的原因，因此我们必须猜测他这么做的缘由。答案可能在于11世纪中期巴格达复杂的政治宗教形势。纳赛尔是什叶派中少数的一支，被称为伊斯玛仪派，或是七伊玛目派。而阿拔斯哈里发是伊斯兰多数派逊尼派的首领。尽管巴格达是事实上的军事和政治领袖，白益王朝（Buyids）依然是什叶派信徒。逊尼派的塞尔柱人很快就要接管他们的权力。如果纳赛尔前往巴格达，他就要置身于一个宗教和政治权威都不稳定的城市。也许他远离阿拔斯首都，是为了避免被卷入变化多端的宗教和政治局势。

一个新的阶段

纳赛尔·霍斯鲁在1047年的第一次朝圣中，必须要徒步从耶路撒冷前往麦加。据他解释，是因为那年没有朝圣者的队伍。另外，纳赛尔记载哈里发在麦加建设的，许多供从伊拉克、波斯和中亚来的朝圣者使用的旅馆，都“变成了废墟”。为朝圣者收集雨水的水库也空了。纳赛尔对于他所面临的困难的记载，可能表明穆斯林的朝圣者的数量在11世纪有所下降。

然而，到下一个世纪，穆斯林的朝圣似乎重又恢复了活力。在某些 118
情况下与可以被称为学术旅行的方式结合——这种新的旅行产生了关于旅行者拜访和观光的地方更为详细的报告。伊本·贾巴尔（Ibn Jubayr），1145年生于西班牙，就是这种模式的先驱。

根据传说，伊本·贾巴尔是西班牙的一个伊斯兰执政者手下的官员。他被上级强迫喝下数杯葡萄酒，但这是违反伊斯兰教义的。他决定前往麦加，并沿途进行记录（*rihla*）作为赎罪。他在1183年离开了西班牙南部两年。他记载基督徒和伊斯兰商人混在一起，仅仅是收取适当的费用，尽管他们的团体互相之间争战。然后他乘一艘意大利籍船只前往埃及。他不喜欢海上旅行，碰到的数次暴风把他吓得半死。在一次风暴中，船真沉了，但是他活了下来。抵达中东之后，他不仅拜访了圣城麦加与麦地那，而且拜访了耶路撒冷、大马士革和巴格达。他还仔细描述了所看到的建筑。他达成了一生都在旅行的伟业：他还进行两次旅行。一次是为期两年的短途旅行，在他最后远航前往埃及的亚历山大里亚的时候，他死在了路上。他的作品和形式对后继的旅行者有非常大的影响。伊本·白图泰就使用了他作品的名字来命名自己的作品。

穆斯林的旅行的另一个方面也值得注意：其范围不仅在西班牙/北非和中东/中亚，以及印度洋，而且向南延伸到了非洲的其他部分。我们之前讨论过的波斯船长布祖尔格就写下的一个从也门前往东非海岸的故事。这个故事中还提到了贩卖奴隶的非洲人。他们一直旅行到中东，有些还能回到非洲。到了 10 世纪，有些商人定期从波斯湾向南航行至现在的莫桑比克。

许多旅行者和商人都在西非的王国，例如加纳和之后的马里与北非海岸之间旅行。关于这些旅行当时有许多记载，但是大部分都已佚失。一位西班牙穆斯林学者阿尔·巴克利（al-Bakri）尽管自己不是旅行者，在公
119 元 11 世纪的时候把这些记述在一份对于非洲的研究中拼凑起来。他为我们提供了有关于非洲政府，包括伊斯兰教传播在内的宗教情况和旅行形式的宝贵资料。就像许多旅行者和那些采用关于陌生地方记述的人一样，他也记录下了一些荒谬的信息，像是有故事提到有一种雌山羊靠摩擦树皮就能怀孕。他也复述了一些疯狂的食人行为的记载。然而大多数情况下，阿尔·巴克利的作品还是提供了关于各个非洲王国的信息。他能够包容并对这些与他完全不同的习俗产生兴趣。我们之后就会看到，非洲的知识将会在伊本·白图泰的旅行中扮演重要的角色。而白图泰则会增添许多有关这个大陆的知识。

还有其他的先驱旅行家。伊本·白图泰自己说，他曾经与阿卜杜拉·阿尔·马斯里（Abdullah al-Misri）交谈。他的外号就是“旅行者”——虽然白图泰一边赞扬他“圣徒般的一生”，一边说他从来没有拜访过中国、斯里兰卡、西班牙或是马里，“所以我正是在旅行上超越了他”。伊斯兰教提供

了一套细致而广阔的网络，有着众多各种旅行的先驱者。但是，是伊本·白图泰以前所未有的冒险的一生，最好地代表了伊斯兰教的旅行传统。

世界上最伟大的旅行家？

1304年，阿布·阿卜杜拉·伊本·白图泰生于位于摩洛哥海岸城市丹吉尔（Tangier）的一个穆斯林法学学者家庭。他学习法律并获得了最好的教育。在1325年，他启程前往麦加朝圣。就这样他开始以在伊斯兰世界中已经根深蒂固的常见方式开始旅行。他花了1年半进行旅行，拜访了北非、埃及、巴勒斯坦和叙利亚。在前往麦加之后，他还利用我们已经数次了解过的中东旅行网络，去了伊拉克和波斯。尽管当时哈里发政权崩溃，中东在政治上陷于分裂，旅行依然继续。而当白图泰抵达波斯和更为东边的地方时，他则受益于蒙古的统治。

早　年

就像许多其他旅行家一样，白图泰早年的生平不为人知。我们甚至可能需要猜测他进行旅行的个人动机。他家庭的财富和地位毫无疑问意味着在生活中需要进行相当数量的旅行。丹吉尔是个商业城市，它非常活跃地参与地中海的贸易，而当时地中海的贸易正欣欣向荣。但是白图泰旅行的直接背景，是伊斯兰教社会在摩洛哥和西班牙，向直到东南亚的东方，和伴随着后古典时代伊斯兰教发展的东西方贸易路线的兴盛。伊本·白图泰是一位令人吃惊的旅行家，他走过的路程超过了在他那个时代之前的任何人。但是，他是在一个已经稳固的系统中旅行，而非向处女地推进。我们之后就会看到，当他离开伊斯兰世界的时候，他立刻就感到不快，虽然他通常都能忍受。

在伊斯兰世界闻名遐迩的伊本·白图泰有数个旅行上的优势。首先， 120
作为一个法学家和有教养的绅士，这个职业使他能够走遍整个伊斯兰世界。伊斯兰教法十分重要，这也意味着律师并不与某个特定政治体联系在一起，而是可以在伊斯兰教占主导地位的任何地方工作。然而我们缺少个人的细节，我们可以想象，伊本·白图泰穿得与普通伊斯兰的律师一样。这样，就像他的同僚一样，他也留着大胡子。其次，伊本·白图泰有着伊斯兰教内部苏菲派运动所激起的强烈虔诚感。他的旅行中包括了许多对于虔诚的苏菲派圣人和圣殿的拜访。在那里，他可以向许多有学识而又希冀宗教新闻和灵感的穆斯林听众，发表他对于伊斯兰宗教生活的看法。另外，特别是在旅行的早期，伊本·白图泰毫无疑问不仅有着最基本的朝圣动机，而且他还想要借机访问伊斯兰学术的前沿中心，如开罗和巴格达。这些地方当时在学术上都远远超过了摩洛哥。最后，伊本·白图泰还从伊斯兰教关于慈善的诫命中获益良多。在他的旅行中，甚至是当他第一次穿过非洲前往麦加的途中，统治者或是虔诚的富人都会赠与他资金或是其他的物品。因为帮助旅行者是伊斯兰“五功”的“天课”中的重要部分。之后，在中东穆斯林的法学家或是地区统治者也常常帮助伊本·白图泰，有时提供资金，有时提供驼队，有时提供其他的旅行必需品。伊本·白图泰显而易见的虔诚，连同他的社会和学术地位一起，让他成为了施赠的最好对象。

伊本·白图泰毫不掩饰旅行中他的宗教热情。在描述他是如何从家乡出发，踏出前往未来的第一步时，他如此写道：

> 我从丹吉尔——我的故乡出发正是……是去朝觐天方和瞻谒圣墓。一路上我无亲无友，受尽波折，满怀信心地向圣地进发。我抛弃了一切亲友，离别了故乡，像飞鸟离巢一般。这时我的双亲已风烛残年，我由于与父母相去日远而忍受剧痛，正如父母与我诀别而引起痼疾一般。那时我才二十二岁。
>
> 马金鹏译，《伊本·白图泰游记》，第 19 页
>
> （Dunn, p.31）

第一次朝圣

121 朝圣是伊本·白图泰第一次旅行的动机。这是一场从摩洛哥到麦加3 000 英里的旅途。虽然在北非海岸可以使用欧洲或是伊斯兰船只，但是大多数朝圣者都走陆路。他们成群结队以保证安全，避免经常出现的强盗

的威胁。伊本·白图泰可以单独、安全地行动，因为那个时候摩洛哥正处于稳定的王权统治之下，但是，他还是希望沿途找到队伍。随着旅行的继续，他的确找到了伙伴，但也会出现一些意料之外的问题。他生病了，别人劝他在康复之前停下休息。但是他争辩说，如果神要他死亡，他自己情愿死在路上，所以他继续旅行。之后，他的队伍被一群骑着骆驼的强盗袭击了，但是他如此评论："神意如此，他保护我们免受这些强盗的袭击。"在另一个地方他被孤独感所吞没，因为镇民欢迎了队伍中其他的成员，但是却忽略了他。然而另一个朝圣者与他交了朋友，在抵达下一个城镇之前与他结伴。到他离开突尼斯，进一步向北非的东边进发时，他已经设法增进了伊斯兰教的学识，并且由于他的学识和在法学上的资质，被提名为一群旅行者的领袖。伊本·白图泰还与旅行中的一个伴侣订了婚，但是之后在继续旅行的时候与她的父亲产生不和，因此就断了联系。但是之后，他与另一个旅伴结了婚（这是他所报告的在旅行中数次婚姻中的第一次。他没有说这个女人是否与他之后的男女关系有关）。

在埃及，伊本·白图泰遇见了一位苏菲派神秘主义者，他进一步激起了这个年轻人旅行的热情。他鼓励这位拜访者前往印度和中国，去会见那里的苏菲派人士——这又是一个在后古典时代伊斯兰联系广泛的标志。伊本·白图泰写道，他对于这个神秘主义者的预言感到非常"惊奇"。之后他又写道："前往这三个国家的想法深深印在我的脑海里。直到我前往这三个地方，传达了他的问候之时，我的漫游才告停止。"

伊本·白图泰的明显被美化过的朝圣旅途，让他成为了非比寻常，不是那么容易效仿的伊斯兰旅行者。毕竟他拜访的是伊斯兰教的圣地。很少有人能有时间和足够的资源离家如此之久，但是也有人做到了——例如伊本·贾巴尔。虽然历史学家对他关于麦加、开罗、大马士革和巴格达的描述非常感兴趣，但是伊本·白图泰之后对于第一次旅行的描述，也适用于一个相当知名的框架：到当时为止阿拉伯世界已经有许多关于相同地点的描述了。伊本·白图泰的确从巴格达向着波斯和中亚地区进行了一段短暂的远足。他也从蒙古人的统治所带来的政治稳定中受益，但是在蒙 122
古帝国的数十年，也并不是特别不寻常的经历。

伊本·白图泰之后的一系列行为才是使他脱颖而出,成为一名热衷于前往伊斯兰教所波及的边远地区,并且拥有永不满足的旅行热情的人。的确,伊本·白图泰发现他抵达了自己先前想都不敢想的遥远之地。

漫 游

在第二次拜访麦加,并逗留了相当时间之后,伊本·白图泰出发前往也门和波斯湾(此地现在依然被称为阿拉伯海)。再一次地,他找到了学习宗教和法学的机会,但是很快他就前往亚丁(Aden),可能是希望在那里他能登上一艘前往非洲的船只(尽管他不喜欢海上旅行)。现在他所在的地方是印度洋贸易的中心,那里聚集了他在旅行中遇见过的各种人。他也开始遇见了许多富有的商人,他们都可能为他的旅行进行了捐赠。而白图泰则可以借着一切机会赞扬他们,因为他们"按着律法"进行了慈善捐赠。

在非洲,他的第一站被他称为是"世界上最脏、最臭、最糟糕的城镇"。但是很快他就抵达了索马里的摩加迪沙。这是一个繁荣的非洲港口城市,阿拉伯语通行无阻,而伊本·白图泰在宗教上大名鼎鼎,因此穆斯林学校的领袖和地方领袖都来与他接触。在这个时候,伊本·白图泰的记述非常多姿多彩。他本着伊斯兰教的观点描述那些奇怪的服装和习惯。在他的报告中他对非洲海岸统治者色彩斑斓的袍子和音乐赞叹不已,而同时注意到了他们虔诚的习俗,以及他们对于"宗教人士和出身高贵的人的尊敬"。

伊本·白图泰从东非回到阿拉伯半岛的旅程充满了惊险。他害怕他的向导会为了偷他的衣服而杀了他——但是伊本·白图泰挥舞着长矛并且逃走了。他筋疲力尽地抵达了魁赫(Qalhat),在那里的地方长官的家中休息了六天。之后他回头穿过阿拉伯半岛,抵达麦加。

伊本·白图泰的下一站原则上是印度。他希望能够在德里的苏丹国那里得到一个职位。那是一个位于次大陆上的广阔的伊斯兰教帝国。但是寻找直接去那里的手段的尝试失败了——这需要穿过波斯湾——所以他转而从陆路前往中东北部突厥人控制的土地。在那里,他乘一艘意大利
123 船沿着地中海东岸向北——现在欧洲人控制了这些航运路线。然后他准

备从陆路穿过安纳托利亚。他与土耳其的工匠组织建立了密切的联系，他们负责在他从城镇前往城镇的时候提供食宿。与之前相同，他与一系列宗教学者和政治精英会面。他的学识也引起了突厥统治者的注意。他们希望能够学习更多有关于伊斯兰法律的知识，以增加他们作为穆斯林领袖的合法性。而白图泰则负责写作有关《圣训》(*Hadith*)，这部伊斯兰教的关键传统法学的集成的作品。他开始获取不断增长的财富，包括他的第一个奴隶。这样他的旅行变得更为复杂，但是起码有一次，让他的旅行也变得更为舒适。他发现他需要雇用翻译，因为越来越难以找到会说阿拉伯语的人。

伊本·白图泰继续向着印度的方向前进，但是他同时也努力探索伊斯兰文明的边缘。他接下来的行程是通过克里米亚，前往蒙古汗国、俄国和中亚。途中他遇见了一个欧洲的商人营地，其中充满了在他看来亵渎的钟声。但是他很快就抵达了更为伊斯兰化的城市。

最后在1332年，伊本·白图泰抵达了蒙古在俄国的权力中心，位于里海北面的伏尔加河上。在那个时候他随着车队一起行进。他更常骑在驮畜(驴子和骆驼)的背上旅行，这种方式在中亚是常见的旅行方式。就像在他之前数十年的欧洲来客一样，他发现可汗对外国来访者既宽容又愿意交流。宫廷里大多数都是穆斯林，但是伊本·白图泰还是对蒙古女性的很多习惯发表评论。她们在公共、社会和政治生活中都担当重要角色。对于白图泰来说，女性就是仆人。因此他十分讶异于蒙古人在宴会时对待女性的礼仪。统治者只有在他们的皇后就座后才落座。他评论道："所有这些行为都是在众目睽睽之下所为，女性还不戴面纱。"

有些讽刺的是，蒙古统治者的妻子之一让他继续他下一步的冒险旅程。一位被拜占庭皇帝为了渺茫的联盟希望而送到宫廷之中的希腊公主贝叶珑(Bayalun)，在听了白图泰讲述从他家乡到这里的遥远距离之后失声痛哭。他的旅行提醒了她远离家乡的痛苦。但是她获得了准许，能够回到君士坦丁堡生孩子。而伊本·白图泰则被安排陪伴她——这是他第一次走出伊斯兰教的边界。公主一离开城堡就再也不装作自己是个穆斯林了，这让白图泰非常为难。他开始进入被他称为"异教徒之地"的地方。

但是他承认他的队伍非常大度地让他祈祷。

他在君士坦丁堡停留了一个月。期间他四处观光却没有太多的评论。
124 然后，尽管公主与她的父皇留在一起，他回到了蒙古人在俄罗斯的中心。最后在冬天他离开了他所到的极北之地，前往印度。这是一场长途旅行。他在路上遇到了许多阿拉伯和其他伊斯兰商人，有些前往印度，有些去中国，有些则是在归途之中。最后在穿过巴尔克（他发现那里已经完全地被破坏且荒无人烟）和许多其他的穿越沙漠必经之地之后，他于1333年春翻越了印度库什山脉进入印度河谷地区。他从麦加离开已经三年，他非常急着谋求一个更为稳定的职位。而他听说印度德里苏丹的宫廷包容而又富丽堂皇，而其雇用有天分的外邦人的特点更是声名远扬。当然作为一名旅行家，伊本·白图泰先是在印度西北部游荡了一会儿。他与一些苏菲派长者会面，撞见了一头犀牛，之后还遭遇了一大群印度强盗并惊险地逃脱。他也受制于繁琐的官僚程序。在继续旅行之前，白图泰得要先宣誓效忠印度国家。

从印度到中国

在超过六年的时间里，伊本·白图泰基本待在一个地方。这对他来说是少见的歇息。他获得了一个官职，过了一段较为宽裕的生活。但是苏丹遇到了政治困境，而他的报复对于白图泰来说过于血腥。摩洛哥人也可能站错了边。他与一位和苏丹不睦的苏菲派领袖关系甚密，结果伊本·白图泰被逮捕了。于是，他禁食并背诵《古兰经》以寻求神的保护。被释放之后，他低调行事，并且努力地寻找摆脱苏丹控制的办法。他申请前往麦加进行朝圣，这通常很难被拒绝。但是考虑到他的"对旅行和观光的热爱"，苏丹给了他一个成为蒙古宫廷在中国的使节的机会。这样他就又有了一个进行更多的、在伊斯兰边界外冒险的机会。同样这次旅行也有强烈的经济和政治背景。在1341年，伊本·白图泰又上路了。

要走出印度，说得容易做起来难。伊本·白图泰的旅行队伍又一次得要击退大群的印度强盗，因为德里苏丹的权威正在迅速衰退。根据白图泰后来的记述，他的队伍杀掉了大部分的强盗。但是在打斗中伊本·白图泰与主要队伍失散，结果被抓住了。虽然他不说印度语，俘虏他的人有些懂得波斯语，所以他能够和他们交涉，并得到释放。但是他损失了所有的随身物品。一个印度的穆斯林照顾了他，他也得以重新回到官方使团之中。尽管他的同僚认为这次旅行出师不利，伊本·白图泰坚持继续前进， 125
最后抵达了印度的西海岸。在那里苏丹安排好了船只。但是他的麻烦还远远没有结束。他登上了一艘巨大的中国船只。他对其远超阿拉伯帆船（dhows）的体积和坚固性赞叹不已。一场风暴把船只刮走，随之而去的还有他为出使中国蒙古宫廷而准备的所有贡品。意识到这次任务只能中止了，伊本·白图泰参加了当地伊斯兰军队攻打西海岸与他们敌对的印度教城邦的战役。但是在起初的数次成功之后，战役失败了。

但是当伊本·白图泰不再具有官方身份的时候，他前往中国的热情却依然像以往那么高涨。因此他决定自己出发，希望东南亚的伊斯兰团体足够好客。他先是拜访了马尔代夫群岛，因为他已经听说了很多有关他们的事情。他起初的计划是在那里观光一阵。然而明显他的法学素养可以让他在岛上尚未成熟的伊斯兰国家中获取一个有实权的职位。在那里受人尊敬的外界权威总是受欢迎的。伊本·白图泰通过与当地的精英家族联姻，进一步巩固了他的地位。明显他非常享受这个成为举足轻重的人物的机会。他之后会声称——而且我们不知道他有多投入他的工作——他为岛上建立正统的伊斯兰法律和刑法系统贡献良多，以对抗他所认为的岛民的草率习俗。但是尽管他发布了数条命令让她们穿上衣服，但是他没有成功地使当地的妇女把她们的身体遮盖起来。“我只能让她们涉讼时，遮盖身体来见我，除此之外就无能为力了。”地方政治斗争很快就终结了伊本·白图泰的政治生涯。他启程前往斯里兰卡。他之后于马巴尔（Ma’ bar，位于印度东南部）密谋组织一支军队进攻马尔代夫，但是计划流产了。

伊本·白图泰的确在斯里兰卡游览了一番，其中包括数个宗教因为不同的原因而崇拜的亚当峰（Adam’s peak）。他加入了佛教徒、伊斯兰和印度教的朝圣者，在山顶住了三天。他还从当地的统治者那里获取了珍贵的礼物。回到船上继续旅行时，这位旅行者又遇到了海难，在涨潮时他被困了一整晚，因为他的泳技不够好，不能靠自己逃脱。之后他又染上了疟疾。在路上的一次海盗袭击中，他又失去了所有在斯里兰卡得到的珠宝。“只剩下一条遮羞的裤子。”当他们在南印度和东南亚水域时，一片混乱，
126 到处都是海盗。伊本·白图泰的运气确实也差到了一定程度。令人印象深刻的是，他依然决心继续旅行。在绕了一段远路之后，他终于抵达了马来半岛的缅甸，以及苏门答腊岛。在那里伊斯兰贸易网络直接与中国相连。

在现在的印度尼西亚伊斯兰教刚刚开始出现，但是也有一定的宗教组织。伊本·白图泰找到了地方官员接纳他。官员非常乐意有一个讨论伊斯兰教律法的机会。一个地方的小君王为他准备了船只，带他在4个月的航程之后，于1346年抵达中国。

伊本·白图泰对于中国的描述，比起他对于印度和马尔代夫大段大段的叙述，有些简略。有些学者认为他从来没有旅行到那里（我们之后要讨论的大旅行家也会有这种问题）。但是没有什么有说服力的理由来质疑这次旅行的真实性，而事实上对他的简略也可以有其他的解释。

因为白图泰在中国体验到了被一位历史学家称为“文化冲击”（culture shock）的感觉。一方面，他被中国的繁荣和在蒙古人统治之下的政治稳定所深深吸引（很快情况就会变糟，但是他不可能会知道）。“对于商旅来说，中国地区是最安全、最美好的地区。一个单身旅客，虽携带大量财物，行程九个月也尽可放心。”这与他在印度及其周边地区的经历形成了鲜明对照。另一方面，他发现中国与伊斯兰世界距离遥远，令人困惑：

> 中国地区尽管非常美丽，但不能引起我的兴趣，由于异教气味浓厚，反而使我心绪烦乱。只要出门，就看到许多不顺眼的事，使我惴惴不安，除非万不得已，我绝不外出。如在中国见到一位穆斯林，便像遇上亲骨肉一般。

这种对于如此远离上帝的律法的人群的不认同感，可能是造成他游记简略的原因。他声称他在中国旅行超过3 500英里，拜访了数个城市。他的确与一些他在印度见过的蒙古使节联系，他们帮助他安排住宿。他也遇见了一个在德里借过他钱的商人。这里显示出了一个资源丰富的网络

把亚洲各地的旅行者都联系在一起。而且，当他接受邀请前往北京拜访蒙古皇帝时，他甚至遇到了一个年轻的摩洛哥学者。他是自己出来旅行的。虽然伊本·白图泰声称他去过北京，但这部分记述可能完全是编造出
来的。我们清楚的是，在短暂地在中国逗留之后，他回到南方海岸，登上了 127
苏门答腊统治者为他准备的船只，然后再度启程——这一次是向着家乡的方向。

归　乡

他回家的旅程花了三年，首先抵达了印度，一开始他可能希望能够在印度继续某种职业，但是最后放弃了。因为很久之前与他有过联系的人都已四散。于是他又向麦加进行朝圣，继续旅行。但是他没有直接前往，而是从波斯、巴格达到大马士革。在那里他听说他在1326年第一次访问大马士革时所生的一个孩子在10岁时死了。他从另外一个摩洛哥法学家那里得知他的父亲死于十五年前。在1348年他穿过叙利亚，第一次遭遇了横扫中东的鼠疫。欧洲人之后把它称为“黑死病”。伊本·白图泰报告了这种疾病的高死亡率，以及各个宗教对其起源的解释，包括基督教、犹太教以及伊斯兰教。他没有提到自己的猜测，然后继续前往埃及（在那里死亡率更高），然后前往麦加，满足了他再一次看到圣城的心愿。

然后怎么办？这可能是他当时所面临的疑问。瘟疫在埃及这样的地区不断地削减着人口和经济，这样看起来回家似乎是不错的选择。就伊本·白图泰所知，他母亲似乎还活着。他也已经离家二十四年，可以想见他想过得安定一点。他回家的旅程也并不是一帆风顺：他在西西里岛的短暂停留——这是伊本·白图泰唯一一次进入天主教领土——使他遭遇了另一次海盗的威胁，因此摩洛哥人迅速地离开。

当抵达丹吉尔港（Tangier）时，他得知瘟疫在数个月前夺去了他母亲的生命。当然他还要去见其他的亲属和朋友。毫无疑问伊本·白图泰正声名远播，因为他有许多令人惊讶的旅行故事。但是他毫不停歇，参加了保卫直布罗陀的军队。他从直布罗陀开始继续前往南西班牙的数个伊斯兰城市，最终抵达格兰纳达。在那里他像通常那样和地区领袖和伊斯

兰法学家会面。他也结识了一位年轻的书记员和作家伊本·术札伊(Ibn Juzayy)。他对白图泰的故事非常感兴趣,并且开始记下旅行者所遇见的一些人的名字。很快,伊本·白图泰就返回了摩洛哥,可能是考虑在繁荣的城市菲斯(Fez)安定下来做一个法学家。这时他已经46岁了。

西非:马里

128 然而伊斯兰世界的一个关键地区他还没有拜访过,诱惑难挡啊。那就是马里王国。其位于撒哈拉沙漠的另一端,1 500英里之外。1351年,伊本·白图泰开始了他的最后一次旅行,进入西非。在这个地区他也有机会靠法学混口饭吃。就像南亚和东南亚的统治者一样,当地的统治者也在努力地契合伊斯兰教的准则。更重要的是:当地有着在伊斯兰世界之内独特的风景。

前往马里的旅途始于驼队,而这种旅行方式非常依赖于了解关键绿洲位置的可靠向导,这样才能穿过数千英里的沙漠。伊本·白图泰之后的记述会提及对于地区贸易至关重要的、在荒凉盐矿中的奴隶,以及他对于所遇到的第一个下撒哈拉的统治者提供的少得可怜的资金的失望。再一次地,尽管有人催促他赶紧回家,他还是继续前往马里王国的首都。在这里等待他的是更多的失望。在苏丹真正注意到他之前他已等了好几个月。“我曾游历世界各地,见过各国的君王,但我来贵国已经四个月,向未受过一点款待,未获得一点赏赐。将来我见到各地苏丹时,将如何谈到你呀?”虽然他最后得到了一幢房子和黄金,但是他仍然认为这个统治者是个小气鬼。

伊本·白图泰对于非洲的记述是他旅行所带来的最重要的史料。因为西非的这段历史仅有不多的文献记录。但是这份记述中充满了伊本·白图泰的斥责,他看不惯这些不符合阿拉伯标准的非洲习俗。

有两个问题特别引起他的注意。起初,许多统治者都小心地营造出阶级感,有时甚至自己不直接出面与人交谈,而是通过发言人来说话。这明显不符合白图泰所认为的统治阶级与臣民的交流方式。另一个问题则是他之前也遇到过的女性问题。在他看来,撒哈拉以南非洲的习俗允许过多的男女之间的亲密交流；在某些情况下，女性的着装也不适当。伊本·白图泰很快就发现这些行为有些“外邦性”。

另一方面，伊本·白图泰也发现了许多值得称赞的地方。统治者也许过于让臣民卑躬屈膝，但是伊本·白图泰称赞马里“不正义的事情很少”（他认为对于犯罪的严厉惩罚是首要的），“还有全境安全，无论是居家和旅行，都不必担心盗窃或抢劫”。这个特质明显地与他在摩洛哥的个人经历 129
形成了对照。马里虔诚的穆斯林的行为也赢得了赞扬。“还有苏丹按时做礼拜，时时坚持集体举行，对于子女，为督促做礼拜而施行体罚。”这种虔诚让伊本·白图泰更难以理解某些地方习俗，例如对待女性的态度。

伊本·白图泰访问了马里数地，包括伟大的学术城市廷巴克图（Timbuktu）。那时它还刚刚开始在伊斯兰世界中取得重要的地位。他与数位地方领袖会面，看样子他们比第一位接待他的人要好客很多。但是，根据他之后的记述，摩洛哥统治者派出使节，召唤他回到菲斯。可能是因为他急着想要知道马里的经济和外交状况。因此在寒冬之中——伊本·白图泰声称翻越阿特拉斯山脉的回程比之前在中亚的冬天旅行还要辛苦——他开始回家。而他的旅程也就此终结。

伊本·白图泰的著作及其反响

伊本·白图泰死于1368年或1369年。他在摩洛哥当了一名法官，度过他的晚年。很有可能他组建了新的家庭。然而他晚年的安定，与他成年时期的漫游欲形成了鲜明对照。

但是在旅行和安定的生活之间，伊本·白图泰也记录下了他的旅行。这份作品以及旅行本身，是他声名远播的资本，也是他对人类集体经验的重大贡献。在1354年回到本国之后，他无疑向苏丹阿布·伊南（Abu Inan）报告了他的行程。之后苏丹命令他留在菲斯并为娱乐宫廷写一份游记。由于伊本·白图泰并不擅长写作，苏丹让伊本·术札伊，这位旅行者在格兰纳达遇见的书记员，担任合作者。这样就能把这份作品写成游记。两个人在一起工作了两年左右。伊本·白图泰写作记录而书记员把这些记录总括成为了流畅的叙述。结果是一个非常个人化的故事。其中强调个人的冒险经历和旅行者的个人品质，而非一个详细的跨地区研究。但其好处是故事能够容纳更多的信息，这就是为什么——除了单单对于伊本·白图泰宏大远征的兴趣之外——这些故事到今日依然有着价值。

由于故事中有很多个人成分的东西——我们会在之后的章节讨论另外一个这样的旅行者——很难把游记中自我推介和作为其结果的夸张辨
130 认出来。伊本·白图泰明显把自己标榜为法学家，他也这么告诉南亚和非洲的许多地方统治者。但是其他与他见过面的法学家则认为，他只是一个“平庸的”法学家。一位甚至直接说，“他没有他所声称地那么博学”。他的旅行明显有一个动机，无论他自己承不承认，他不太能够在伊斯兰教的腹地找到一个好的职位，因此他前往边缘地区。在那里标准更低，而且对立法的需求更大。

他的记述本身也被某些人批评。伟大的历史学家伊本·赫勒敦（Ibn Khaldun）注意到了这本书以及其“值得注意”的报告，但是他说有许多人都对其中的故事抱有怀疑。例如印度君王在大象的背上向他的臣民抛洒无数的金币，他们认为伊本·白图泰一定是个骗子。有趣的是，现代学者也注意到了游记中有些部分，特别是关于中国的那些有问题。有一些叙述也是明显抄袭了其他材料，正像伊本·赫勒敦所说。但是大部分游记的描述都是有所根据的。

当时很少有人去评论这本“游记”。伊本·白图泰的故事明显在菲斯当地引起了不小的震动。这部文献在北非的其他地方也赢得了一些读者。其抄本继续在北非和苏丹流传，直至17—18世纪。但是伊斯兰学者并没有广泛地引用其内容，人们也没有像阅读马可·波罗的著作那样地去阅读它。只有在19世纪，欧洲而非穆斯林的学者才重拾对伊本·白图泰的兴趣。他们认识到了他作为一位狂热的旅行者和他的记述——至少是其中的某些部分——作为历史材料的价值。

结论：比较

他的作品为何没有引起强烈反响？尽管我们看到伊本·白图泰旅行到了非常遥远的地方，但是大部分他记述的还是伊斯兰世界已经熟知的地点。在某种意义上，他的作品是一面镜子，而非开人眼界。他将当时世界历史上所出现的最大的文化区域反映了出来，但是仅仅扩展了一点。他所做的更倾向于批评它，而非是提供信息。同样，当他在评论有教养的穆斯林愿意了解的成就时，他没有发现任何物质上或是科技上更高层次的领域，起码没有强调它们（他称赞中国的船只是个例外）；他没有发现比家乡更为良好的政治体系。他所说的最好的地方，也只是与伊斯兰教腹地一样虔诚，或是有着同样良好的政治秩序。他的旅行留下了记录，揭示了世界历史上一段非同寻常的时期，以及一个非同寻常的人。但是他没有大 131
大增加已有的知识储备，也不会激起新的旅行的想法。

这样，他和他的记述的影响，与另外一个后古典时代的伟大旅行家所造成的影响截然不同。那就是意大利人马可·波罗。就像我们所看到的，马可·波罗也像伊本·白图泰那样依赖同样的旅行方式设施，尽管他的旅行时间还早一点。他也从伊斯兰控制的区域和蒙古人的权力控制下获得好处。但是马可·波罗的思想不同，更少批判性。他来自于一个更多好奇，但是物质和政治水平较不发达的社会。这种比较，尤其是作品影响的比较富有启发性。但是比较并不减损伊本·白图泰的成就。在行走过的距离、所遇到的危险、观察过的社会和地区的种类方面，他都在当时的世界历史上留下了前所未有的纪录。

进一步阅读

本章引文选自：

Ross E. Dunn, *The Adventures of Iben Battuta: A Muslim Traveler of the 14th Century,* rev. ed.（Berkeley, Cal.: University of california Press, 2005）

伊斯兰的兴起

Richard Ettinghausen and Oleg Grabar, *The Art and Architecture of Islam, 650 -1250*（New Haven, Conn.: Yale University Press, 1987）

Ira M. Lapidus, *A History of Islamic Societies,* 2nd ed.（Cambridge and New York: Cambridge University Press, 2002）

Maurice Lombard, *The Golden Age of Islam,* trans. Joan Spencer（Paris: Edition Flammarion, 1971; reprint, Princeton, N. J.: Markus Wiener, 2004）

伊斯兰旅行者

Robert R. Bianchi, *Guests of God: Pilgrimage and Politics in the Muslim World*（Oxford and New York: Oxford University Press, 2004）

Ross E. Dunn, *The Adventures of Ibn Battuta: A Muslim Traveler of the 14th Century*, rev.ed.（Berkeley, Cal.: Univeristy of California Press, 2005）

Dale F. Eikelman and James Piscatori, eds, *Muslim Travelers: Pilgrimage, Migration, and the Religious Imagination*（Berkeley, Cal.: University of California Press, 1900）

Alice C. Hunsberger, *Nasir Khusraw, The Ruby of Badakhshan: A Portrait of the Persian Poet, Traveller and Philosopher*（London and New York: I. B. Tauris, 2000）

David Long, *The Hajj Today: A Survey of the Contemporary Pilgrimage to Makkah*（Albany, N. Y.: SUNY Press, 1979）

V. Minorsky, 'Tamim ibn Bahr's Journey to the Uyghurs,' *Bulletin of the School of Oriental and African Studies*12（1948）:275–305

132 Ian Richard Netton, *Golden Roads: Migration, Pilgrimage and Travel in Medieval and Modern Islam*（Richmond, Surrey: Curzon Press, 1993）

——, *Seek Knowledge: Thought and Travel in the House of Islam*（Richmond: Curzon Press, 1996）

Carl F. Petry, 'Travel Patterns of Medieval Notables in the Near

East,' *Studia Islamica*62（1985）: 53-87

路线，运输手段以及膳宿

Abdullah Ankawi, 'The Pilgrimage to Mecca in Mamluk Times,' *Arabian Studies,* I（1974）:146-70

Richard W.Bulliet,*The Camel and the Wheel*（1975; reprint, New York: Columbia University Press, 1990）

Olivia Remie Constalbe, *Housing the Stranger in the Mediterranean World: Lodging, Trade, and Travel in Late Antiquity and the Middle Ages*（Cambridge and New York: Cambridge University Press, 2003）

Suraya Faroqhi, *Pilgrims and Sultans: The Hajj under the Ottomans, 1517-1683*（London and New York: I. B. Tauris, 1994）

S. D. Goitein, *A Mediterranean Society: The Jewish Communities of the World as Portrayed in the Documents of the Cairo Geniza, vol.I, Economic Foundations*（Berkeley, Cal.: Univeristy of California Press, 1967; paperback ed., 1999）

Ahmad Y. al-Hassan and Donald R. Hill, *Islamic Technology: An Illustrated History*（Cambridge: Cambridge University Press, 1986）

Richaard Hodges and David Whitehouse, *Mohammed, Charemagne & the Origins of Europe: Archaeology and the Pirenne Thesis*（Ithaca, N. Y.: Cornell University Press, 1983）

George F. Hourani, *Arab Seafaring: In the Indian Ocean in Ancient and Early Medieval Times*, revised and expanded by John Carswell（Princeton, N. J.: Princeton University Press, 1995）

William H.McNeill, 'The Eccentricity of Wheels, or Eurasian Transportation in Historical Perspective,' *American Historical Review*, 92.5（December 1987）: 1111-26

Andrew Petersen, 'The Archaeology of the Syrian and Iraqi Hajj Routes,' *World Archaeology* 26.1（1994）: 47-56

Saad A. al-Rashid, *Darb Zubaydah in the Abbasid Period: Historical and Archaeological Aspects*（Riyadh: Riyadh University Libraries, 1980）

伊斯兰与外界

Jonathan M.Bloom, *Paper before Print: The History and Impact of Paper in the Islamic World*（New Haven, Conn.: Yale University Press, 2001）

原始资料

R. J. C. Broadhurst, ed. and trans.*The Travels of Ibn Jubayr*（London: Jonathan Cape 1952）

N. J. Dawood, ed. and trans. *The Koran*, rev.ed.（London: Penguin, 2003）

133 Ainslie T. Embree, ed., Edward C.Sachau, trans., *Alberuni's India*, abridged ed.（New York: W. W. Norton, 1971）

Richard Frye, ed. and trans., *Ibn Fadlan's Journey to Russia*（Princeton: Markus Wiener, 2005）

Tim Mackintosh-Smith, ed.,*The Travels of Ibn Battutah*（London: Macmillan, 2002）

F. E. Peters, *The Hajj: The Muslim Pilgrimage to Mecca and the Holy Places*（Princeton, N. J.: Princeton University Press, 1994）

——, *Mecca: A Literary History of the Muslim Holy Land*（Princeton, N. J.: Princeton University Press, 1994）

Michael Wolfe, ed., *One Thousand Roads to Mecca: A Thousand Years of Writing about the Muslim Pilgrimage*（New York: Grove Press, 1999）

第八章

马可·波罗和基督徒旅行的传承

导 言

在 13—14 世纪，欧洲进入了英雄式旅行的第一阶段。先驱旅行家开 134
始远远抛开欧洲和地中海的限制，进入远至中国的东方。他们的旅行本身就十分重要，为欧洲人带来了直接的有关中国物品和技术的知识。他们的记述还激起了归乡的期待，激励他们的下一代考虑如何扩展出更激动人心的路线，抵达更值得去的地方。换句话说，欧洲旅行开始影响下一阶段的世界历史，就像伊斯兰旅行已经做到的那样。

这种新式的旅行基于数个改善了旅行条件的关键进步，尤其是在中亚和东亚，在玄奘旅行之后的六个世纪左右的时间里。伊斯兰教的扩张是其中一个——就像我们在之前章节中看到的那样。到 13 世纪，欧洲旅行者采用了中亚的旅行路线，而伊本·白图泰采用了同样的旅行路线从波斯漫游至印度。第二个倾向是广泛的，影响了非洲—欧亚大陆的经济恢复，从公元 1000 年开始持续了数个世纪。第三个使陆地旅行者受益的关键变化是从 1250 年到 1350 年蒙古人为亚洲大陆带来的统一。在 13 世纪，这对欧洲人的助益比一个世纪之后对白图泰的助益更大。

然而，关于伊斯兰教还有需要说明的第四个因素，因为这个因素引领了 13 世纪的伟大旅行。我们已经了解了伊斯兰旅行者的动机，他们的商贸活动大大扩展。同样的事情也刺激了基督徒的旅行。然而这些刺激，最初仅仅是在一小片地方发挥了作用，那些地区的商贸联系也更为保守。但是在公元 1000 年之前，基督教明显像佛教和伊斯兰教一样，成为了探险旅行的主要动力。就像其他的宗教一样，基督教也鼓励人们为了宗教目的而
135 旅行——传教或是对包括圣地在内的地区进行朝圣。就像我们在第三章中看到的，早期的传教士包括某些使徒，在罗马帝国境内四处旅行，寻求人们的皈依并且建立从亚美尼亚、中东到西班牙，从北非到不列颠的早期教会组织。当时已经出现了前往耶路撒冷的虔诚朝圣，尽管我们不清楚具体的数字。在罗马帝国崩溃之后的混乱中，这种旅行依然在更有挑战性的情况下持续着。

最终，本章的重点回到穿越中亚之旅，与伊本·白图泰所选取的路线不同。这让我们回想起了古典时代的丝绸之路。陆路旅行所跨越的行程进一步增加——最后从欧洲一直到中国。海路也是这种旅行方式的补充，这是地理范围扩张以及航海科技进步的又一个标志。旅行在数量上和地理范围上都得到了扩展。不仅仅如此，旅行开始产生外交及贸易之外的结果。然而首先我们需要对基督徒旅行之前的情况做一个简要的介绍，因为这是重要的背景。

后古典时代

5 世纪西欧罗马帝国的崩溃对旅行者来说是个不同寻常的挑战，并且这种挑战持续了数个世纪。当时没有任何的政治统一，旅行途中很少会有保护。各种蛮族入侵更增添了这种不稳定性，但是对于普通的旅行者来说，地方的抢劫和暴力才是更严重的问题。许多旅行者几乎不携带任何随身财物。这部分是因为道路状况糟糕，任何行李都是沉重的负担，部分是因为任何有价值的东西都会引来盗匪。一个旅行者通常会有一件斗篷用来遮风挡雨，必要的时候还会睡在里面（因为帐篷带起来实在太累赘）；一根拐杖，用来爬山渡河，必要时还能当做武器，用来切肉的刀子，打火石，可能还有一个装液体的皮壶。如果有介绍信的话还要带个包。有些旅行者

带着钱，但是很多人都不带，他们认为如果能够老实地告诉盗匪他们身上什么都没有的话，可能就不会那么容易受到攻击了。

早期的基督教欧洲没有在一定间隔设立旅店，或是遮风挡雨的地方的组织。然而教会常常提供这些服务——许多朝圣者就睡在教堂或是修道院中。许多的教会人员把相当部分的预算都花在资助旅行者上，因为没有其他的可以帮助他们的办法。渐渐地有人设立了公共旅店。因为瞄准
着定期举办的集市，而产生的商业旅行开始兴盛。但是在欧洲旅行很长时 136
间之内都非常困难——不仅与世界上其他地方有着同样的困难，还要加上糟糕的设施和不完善的组织。

然而在这种情况下，依然出现了具有相当重要性的旅行，而宗教毫无疑问是主要的推动力量。起初对上帝的信仰提供了一些得到保护的慰藉。旅行者常常把他们的旅行交给上帝、圣母和某个圣人手里。具体来说，哥伦布就常常祈求圣母玛利亚保佑他的船。每次他用一支新的笔，都要祝福，“愿耶稣和圣母在旅程中与我们同在”。而且，宗教也为旅行提供了理由。到公元6世纪，罗马教皇开始从意大利向不列颠和日耳曼北部派遣传教士（旅程超过700英里），让异教徒皈依并建立教会组织。这些传教的成功则为持续的旅行提供了理由，因为教会官员需要来往于当地和罗马，以维持组织的一致性，并获取宗教上的灵感。而普通的朝圣者也开始拜访罗马以满足他们的精神需求。

举个例子，博尼法斯——后来成为了圣·博尼法斯——在675年生于英国，后来成为了一名教会官员。从716年到754年他去世之前，他一直都在旅行，三次拜访罗马，最后一次拜访时，他已年过60岁。他在日耳曼北部当一名传教士，整顿巴伐利亚的教会组织，同时也在西欧其他地方工作。虽然他自己没有写下正式的旅行记录，但是关于他伟大的一生的报告和信件仍激起了8世纪的旅行热情。

当博尼法斯四处走动时，他非常注意从当地统治者和教会头面人物处获取信件，敦促他们提供保护和食宿。教皇格里高利二世也曾经敦促人们为博尼法斯和陪伴他的人提供“食物、水以及其他他可能需要的东西。”任何阻挠他的人都会受到教皇的威胁，在这封信中，教皇对阻挠他的人做

了永久的诅咒。信中提出的希望不仅仅是提供食物，还有穿越危险的地域时所需要的护卫，免费的渡船和免除任何通行税。

当博尼法斯准备回到日耳曼北部，进行基本的传道工作时，他已经将近 80 岁。他与其他几个传教士从莱茵河顺流而下。抵达了目的地之后，当他正准备为数位新皈依的信徒进行洗礼时，他和整个队伍都被强盗屠杀了。传说一股清泉立刻从他殉道的地方喷涌而出；而他的身体被带回荷兰安葬。

宗教也促进了欧洲妇女的旅行，虽然对于她们来说危险更大。在 720 年，一个英国修女写信说，她非常渴望前往罗马，“这位世上独一无二的女
137 士，在那里为我们的罪孽请求宽恕，就像其他人所做的那样。而我是其中最年老，并且在我的生命中失败、犯罪的次数最多的一个。”博尼法斯和其他的男性高层担心女性在旅行时所面临的风险。但是他们无法禁止旅行，因为他们尊敬女性所表现出来的虔诚精神。博尼法斯自己相信，大部分女性在进行一次长距离朝圣时，所面临的不仅是风险，还有诱惑。只有不多的女性能够保持纯洁。他委婉地叙述：“只有很少的城镇（在意大利北部和法国）中没有女性打破自己的誓言，或是没有从英格兰来的妓女。这是整个教会的烦恼和耻辱。”所以，旅行有多面性。

拜占庭帝国显要的传教工作与西欧的宗教旅行并行。例如在 9 世纪，两位来自希腊北部的兄弟，西里尔和梅笃丢斯（Cyril and Methodius）在巴尔干半岛以及更北的地方四处旅行，进入了现在捷克共和国的境内。

宗教旅行也由不断增加的商业活动所补充。斯堪的纳维亚半岛的商人穿过俄国西部抵达君士坦丁堡。另一些商人则定期在低地国家、不列颠和意大利之间活动，通常走陆路但有时也乘坐大西洋海岸的船只。犹太商人也形成了自己的网络，有些人从法国前往东地中海，甚至是更远的地方。

11 世纪末，基督徒旅行及欧洲旅行翻开了新的篇章。教皇乌尔班二世号召进行“十字军东征”，以夺回圣地。他的号令某种程度上反映了当时的欧洲已经整装待发，准备跨出欧洲进行探险。“十字军东征”虽然在宗教意义上失败了，但是却点燃了欧洲人向外扩张的火花。

进行“十字军东征”的大多数是西欧的封建领主，但是普通人也有加

入其中。他们都要走很远的路。例如一位虔诚的不列颠骑士，就要穿越超过 1 500 英里的路程。有些十字军战士明确表示离家很困难——毫无疑问这是旅行者们都有，但是不太说出来的困扰。一位 13 世纪的法国领主在出发时，不仅在当地圣者的墓前祈祷，而且在之后的记述中提到，“当我离开的时候我不让自己回头……就怕我在看到我的城堡，其中还有我两个可爱的孩子的时候会心碎”。

“十字军东征”毫无疑问导致了许多后果。他们在圣地建立了一段时间的基督教统治。这反映并进一步加深了基督徒与穆斯林之间的敌意。同时基督徒还在西班牙攻击穆斯林的领土。他们也鼓励意大利和其他地
方的商人利用宗教冒险来从中获利。例如有一支十字军转而攻击君士坦 138
丁堡，以削弱拜占庭的商业力量，使天平向西欧人倾斜。参加过“十字军东征”的人接触到了新的物品，以及更为复杂的城市生活，从而刺激了返乡后新的消费品位。上述的后果都对欧洲的旅行造成极大的影响，超出单纯的宗教动机。然而最为基本的是“十字军东征”和商业活动开拓了欧洲到中东的路线，极大地扩展了 11 世纪和 12 世纪的旅行的潜力。地中海开始成为欧洲人时常采用的水道，就像希腊人、罗马人曾经做的，以及伊斯兰商人当时做的那样。

这片新领域刺激了商业和宗教旅行，这丝毫不出人意料。12 世纪的英格兰商人起初在英格兰和苏格兰之间倒卖货物，之后他把活动范围扩展到了斯堪的纳维亚。他的商业活动并不十分令人满意，于是他开始涉足宗教旅行。他前往罗马，拜访了靠近本土的圣地。历经十六年成功的商业活动之后，他前往圣地进行正式的朝圣，并把父母带去罗马进行宗教旅行，通常都是徒步旅行，或是把母亲背在背上以显示虔诚。一位更为成功的法国商人雅克・科伊尔（Jacques Coeur）则是通过从欧洲到埃及和东地中海贩卖各种货物的商业旅行赚了一大笔钱。他定期前往大马士革（位于叙利亚）购买香料，也购买布匹、中国丝绸和印度尼西亚的香料。他晚年更有宗教感情，在十字军东征晚期，他参加了教皇国的舰队对抗姆斯利，结果死在了一个希腊岛屿上。

关键问题非常清楚。基督教，就像其他传播范围很广的宗教一样，能

够激发并支持旅行者进行困难的旅行。宗教的动机非常容易与商业结合在一起，建立更为密集的旅行活动的网络。处于上升期的欧洲势力与宗教和贸易的努力结合在一起，使欧洲与中东的联系变得更为紧密。到13世纪，拜访中东已经是非常常见的事，尽管表面上基督教和伊斯兰教之间依然关系紧张。野心勃勃的教皇甚至组织较大的外交和传教团，前往埃塞俄比亚和波斯，尽管效果不彰。就是在这种背景下，更有野心的冒险开始发芽，第一次将欧洲和东亚直接连接在一起。

这戏剧性的新时代包括了马可·波罗，以及其他人的著名旅行。但是欧洲人的动机以及历史仅仅是其一部分原因而已。现在我们来讨论更大的背景，其中包括阿拉伯的分裂、伊斯兰教的扩张、总体上的繁荣以及最重要的蒙古人所带来的威胁。与已有的欧洲人的路线和历史经验结合，这个新的框架助推欧洲人的旅行从中东延伸开去，从而与中国建立了所知的首次直接联系。

第一步

139 已知的欧洲人前往中国旅行的计划早于蒙古人。当然这不是纯欧洲行为，其中包含了伊斯兰教的联系，并且也反映了中国的繁荣。图德拉的本杰明（Benjamin of Tudela），一位西班牙犹太人，在1166—1171年之间，从西班牙前往意大利、希腊、巴勒斯坦、大马士革和巴格达，然后进入波斯湾。在巴林他听说有人能够横渡印度洋，抵达“Zin”（即中国）——他得到的信息是这次旅程需要63天（中途在斯里兰卡休息停靠）。他写了一本游记，反映了有些欧洲犹太人延伸很广的贸易。但是这本游记没有被欧洲的基督徒读到。

让我们快进到13世纪40年代，此时蒙古的势力已经明显崛起。教皇英诺森四世对于蒙古入侵俄国和匈牙利一事感到颇为紧张，他派出了一系列使节出访，希望他能够取消任何对于西欧的攻击。教皇也许还怀抱着让蒙古人皈依，或是让他们成为对抗东地中海日渐迫近的突厥人威胁的盟友的希望。在1245年，方济各会僧侣约翰·普兰诺·加宾尼（John of

Plano Carpini）在波兰人本笃弟兄（Fariar Benedict the Pole）的陪伴下，开始了这项任务。但是可汗拒绝了皈依的邀请，而且坚决要求教皇臣服于蒙古的统治。约翰非常失望，但是他也了解了许多关于蒙古国度的情况，而他的记述使一位欧洲听众非常感兴趣。多明我僧侣还进行了另外四次传教，在 1245 年到 1251 年之间，他们陆续抵达可汗的宫廷，但是所有的人都失败了，因为教皇和可汗都坚持各自的主导地位。这些探险激起了更多的对于亚洲的兴趣。使节在蒙古首都遇见了各色人等，其中还有许多欧洲人，包括一些斯拉夫人、希腊人、日耳曼人和匈牙利人，还有至少一个英格兰人和数位包括艺术家纪洛姆·布歇（Guillaume Boucher）在内的法国人。这位艺术家为可汗建造了一个壮观的银色喷泉。明显地，在那场最有名的旅行进行之前，欧洲人旅行的范围已经大大增加了。

在 1253 年和 1255 年，威廉·罗布鲁克进行了一场稍有不同的宗教旅行。他前往蒙古，希望能进行更多的传教工作，而非作为教皇的代表。他有一封被翻译成突厥语和阿拉伯语的法国国王的信。但是他之后发现他应该还要准备一位“优秀的翻译，或是一些，最好是许多钱财”。他与另外一个僧侣，一个翻译，两个照顾驮畜的人，一名脚夫，一名年轻的奴隶同行。他的队伍从君士坦丁堡穿过黑海，抵达克里米亚。在那里他与这一地区的可汗见面，把信件交给他。而作为回报他则答应在大汗前推荐威廉。在蒙古人的庇护下，他最终抵达了首都哈拉和林（与现在蒙古的首都乌兰巴托相距不远）。他的行程共计 9 000 英里，他还忍受了路上的各种艰辛， 140
从不值得信任的地方向导和翻译到旅途上的饥渴。他还设法回到了圣地的十字军领地，虽然他没有见到法国的国王。蒙古人也没有答应为他的回程提供完全的保证。同时在传教工作方面也毫无进展。蒙古人的确要求他教授一种在他们进行迁移的时候，能够加入自己宗教的基督教祈祷。但是翻译试图教授他们主祷文的各种努力都失败了。罗布鲁克与一位蒙古统治者陷入了僵局，罗布鲁克认为不成为基督徒就不能得到救赎，他们面临的是永恒的诅咒，蒙古人以嘲笑和辱骂回应他。翻译非常惊恐，很明显，罗布鲁克带去的是非常刻板的基督教教义，但其传教进展并不顺利。

尽管他对路上的艰辛和失败的结局抱怨连连，罗布鲁克还是惊叹于他所看到的景象。这些景色带有强烈的陌生感，而蒙古宫殿的奢华让人赞叹。其中的各色人等和各种物品也引发了罗布鲁克的评论。罗布鲁克在向法国国王报告时，甚至感叹言语难以形容他所经历的事情。“女人为她们自己建造漂亮的马车，其美丽难以用言语表达。如果我善于绘画，我一定把所有的东西都画出来。”

威廉·罗布鲁克在旅行之后回到了他的修会，而他的报告仅仅是不断增长的一系列与中国接触中的一部分。他的记述为同时期更为有名的探险提供了背景和对照。在那次探险中，宗教让位于单纯的冒险精神。而谦卑的报告则让位于个人骄傲和夸张的混合。马可·波罗和他的叔叔登上了历史舞台。

马可·波罗和他的著述

马可·波罗在 1254 年左右生于威尼斯。当时威尼斯是欧洲最大、最富有、最美丽的城市之一。马可的父亲和两个叔叔都是非常富有的商人，他们致力于在威尼斯、君士坦丁堡和克里米亚港口苏达克之间的海上贸易。

尽管关于马可的早年我们知之甚少，但可以推测威尼斯的天主教会在他思想的形成中起了重大作用。很有可能他的名字就来源于圣马可，这座城市受人尊崇的保护圣人。根据历史悠久而可信的传统，马可在圣马可大教堂的圆顶旁长大。这是整个基督教世界最著名的教堂之一，也是
141 使徒遗骸的保存地点。除了接受教会的教导之外，马可的教育几乎全都集中在各种实用技术的培养上，这些技术对于在商业世界的成功都十分必要。我们可以想见在欧洲最有趣的城市之一的日常生活，时常搅动着年轻的马可的心绪。他是否为在广场上吟唱传奇的亚历山大大帝在印度的征服的吟游诗人，为市场中亚洲香料的气味，为港口中停泊的无数加利帆船(galley)与帆船(sailing ship)所感动？这十分可能。

无论他早年是如何度过，马可的生活在他 17 岁与父亲和叔叔马菲奥(Maffeo)踏上前往中国的旅程时被彻底改变了。这场旅程来回共二十四

年。起码我们关于他的旅行的唯一资料是这么说的。这份资料就是他在13世纪90年代回到威尼斯之后所写的书。但是马可·波罗的游记有多大的可信度？在过去的700年间，这个基本的问题困扰了研究他的学者，以及对他的游记感兴趣的读者。让我们看看其中的缘由。

确证马可·波罗故事可靠性的最大的拦路虎，就是原始手稿。它应该是记录在卷轴（羊皮）或是书卷（牛皮）上的手写稿。但是这份稿子在很久之前就已佚失，而且没有现存的复本。在14世纪到15世纪时，无数的抄写员抄写了波罗的游记。有些抄写员根据自己的偏好，或是雇主的要求，隐略、改变或是添加了文字。这些改动似乎被带到了在15世纪70年代开始出现的印刷本之中。马可·波罗游记的原文可能是中世纪法语，于是在翻译波罗作品的过程中出现了更多的复杂性。学者们认为最有价值的一个版本，是能够上溯到15世纪70年代的拉丁文本。这个版本在多大程度上接近原版？我们无法确定。

由于没有原文，而且之后的版本有大量的改动，因此现代的经过学者校对的马可·波罗的作品是无数早先版本的集合。尽管在确定最权威的现代版本方面，学者们进行了长时间的辛勤研究，但是我们依然要谨慎使用这些现代版本。我们在确定马可·波罗去了哪里，看见了什么，听闻了什么，记忆了什么，而又记述了什么的时候都不能太绝对。

学者们不能确定马可·波罗的旅行还有第二个原因。与马可·波罗合作写书的是比萨一位名为鲁斯蒂谦的作者。他可以说是一个幽灵作家，我们对他所知甚少。在13世纪90年代遇见马可·波罗之前，鲁斯蒂谦似乎是一位基于亚瑟王传奇写作半通俗冒险故事的作家。许多学者认为他和波罗在热那亚见面，那时他们彼此都是战俘。他们分别在意大利不同城邦之间所进行的许多战争中的某场战斗中被抓住了。

因为波罗的背景可能不能为他提供足够的叙述技巧来把他的旅行记 142
录成书，所以他在热那亚遇见一位有经验的作家这件事非常重要。关于他们的合作，我们一无所知，但是大多数专家认为，波罗可能在他记录的笔记帮助下，决定了鲁斯蒂谦在他的书中写作什么内容。然后鲁斯蒂谦将波罗的话组织成易于阅读的形式，再加上他自己的一些文学修饰。幸运的是，那些基于波罗旅行的手稿篇幅，与鲁斯蒂谦富有想象力的特质不同，大部分是清楚的。

我们当然能够明确在书中的一些篇幅，可能是波罗和鲁斯蒂谦为了吸引更多的读者，而让文学化的修饰掩盖了真实的记录。书中包含了一些浪漫化的战争场景，波罗不可能真看过，而鲁斯蒂谦在他早先的幻想作品中使用过。其中包括了一些基督教的奇迹、亚历山大大帝的传奇、关于幻想出来的动物的语言和对于东方财富的极度夸大。当然这些段落隐含了许多波罗时代欧洲人的信仰，但是在作为旅行的记述方面毫无价值。

通过仔细地检视波罗的作品而提出的许多真实性问题，导致有些学者（当然是少数）怀疑他是否真去过中国。根据这些怀疑论者的观点，波罗可能从他在波斯，或是黑海地区那里遇见的旅行者处，获得了有关中国的信息。在怀疑论者看来，这个观点很好地解释了为何游记中没有提到13世纪中国生活的许多重要特征。他们的论点是，一位有敏锐观察力的欧洲人，在中国生活了十七年，怎么可能会没有在游记中提到长城、雕版印刷、妇女缠足、饮茶、使用筷子、中国独特的文字系统，以及儒家学说在中国的重要地位？

这些人也提出了质疑马可·波罗到过中国的其他理由。尽管游记中记载，他曾经在中国南部管理一座大城市长达三年，但是中国方面的记录却没有证实这一点。而且没有任何中国方面的证据证明，曾有一位名叫马可·波罗的来访者。波罗的游记还宣称，马可和其他年长的波罗家族的人为忽必烈可汗攻陷襄阳这座中国南部的城市提供了重要协助。但是襄阳之战发生于1273年，正好早于波罗来华。

虽然怀疑论者提出了许多论证，但是大多数学者，包括本书作者认为波罗可能旅行到了中国。更为重要的是，他的游记的基本内核是珍贵的蒙古时代的第一手资料。这本书中的确有一些传奇故事和旅行者常有的幻想，还把波罗在中国的重要性提高到荒谬的程度，但是这数页的内容不能
143 否定全书的内容。这也是大多数学者的想法。波罗对于中国特点的某些遗漏可能是因为原稿的佚失，以及之后版本所做的改动。但是这也有可能是因为，就像我们将会在本章后面看到的，有些遗漏可能是因为波罗在中

国生活的时候，他面临的特殊环境所造成的。

在了解了关于波罗游记研究的许多复杂问题之后，让我们进一步仔细的检视他可能去了哪里，他可能观察到了什么，和他的书如何为我们对 13 世纪欧亚旅行作出贡献。我们将会引用流传较广，也非常优秀的由 Ronald Latham 翻译的波罗游记，以及许多其他学者的成果（关于详细的书籍和文章引用信息，请查阅本章末尾的进一步阅读）。

波罗家族长者的旅行

波罗游记的第一部分，也就是在许多版本中的序言，为我们提供了有关马可旅行直接背景的可靠叙述。我们从序言中可以读到，在 13 世纪 60 年代马可的爸爸和叔叔尼可洛·波罗和马菲奥·波罗，通过船只和陆路商队从威尼斯旅行到了中亚，可能还远至中国。他们的旅程一开始看上去像是较为典型的意大利商贸活动，从君士坦丁堡和黑海抵达蒙古统治的俄国南部。但是当波罗兄弟抵达伏尔加河畔金帐汗国的营地，可能是萨莱（Sarai）时，他们发现回黑海的路被堵塞了，可能是因为拜占庭在 1261 年恢复了在君士坦丁堡的权威。这个事件令热那亚人得益，却损害了威尼斯的利益（根据一份报告，希腊人处决了五十个试图从黑海逃跑的威尼斯人）。而金帐汗国与波斯的蒙古统治者（伊利汗国的可汗）也爆发了冲突。于是波罗兄弟改变计划，他们向东南方旅行，前往中亚的商旅之城布哈拉（Bukhara）。当时那里被一支蒙古人所控制。然后他们可能打算向西穿过波斯回家。但是因为未知的原因，两兄弟在布哈拉逗留了三年，期间他们似乎学会了蒙古语。

两人旅行的下个阶段可能是前无古人的（对于欧洲人来说）。当波罗兄弟离开布哈拉时，他们向东而非向西。我们从游记中得知，他们是应一
位从波斯来的蒙古官员的邀请。这位官员路过布哈拉，正在前往中国的大 144
汗宫廷的路上。在接受了邀请并旅行至忽必烈大汗的首都之后，波罗兄弟成为了头两个抵达中国的欧洲人（我们不能确定，因为忽必烈的宫廷是移动的，他可能在位于蒙古上都的夏宫，或是中亚的某个地方欢迎波罗兄

弟）。

序言进一步说明了，忽必烈对于从拉丁欧洲前来的访客大感兴趣。他询问了波罗兄弟许多许多欧洲的政治与宗教的情况，而他们也能够用蒙古语来回应。在他们会面的最后，大汗要求波罗兄弟作为使节，访问罗马教皇。忽必烈准备了书信，希望教皇能够派给他100位有学识的基督徒，可能是为了充实中国的行政官员队伍。信中还希望得到一些在圣墓大教堂中的灯油。这表明忽必烈对各个宗教都有一定程度的宽容。为了保证波罗兄弟在他们的任务中的安全，忽必烈还为他们准备了一个蒙古护卫，和更为重要的“金牌”，也就是护照，其上指示所有的臣属都要为波罗兄弟提供住宿、马匹和额外护卫。

离开了忽必烈的宫廷之后，两兄弟回头穿过中亚和波斯，这次旅程将近5 000英里。他们在1269年左右抵达了地中海海岸的亚美尼亚港口阿亚斯（Ayas）。从阿亚斯出发，他们向南航行至阿克（Acre），这里是巴勒斯坦海岸（今以色列）的十字军要塞。在他们那个时代，威尼斯商人从十字军东征开始的时候就非常活跃。波罗兄弟在这个港口了解到，他们没有办法把忽必烈的信件带给教皇，因为前任教皇刚去世，而主教团尚未选出继承者。一位教会官员建议他们等待，直到新教皇产生，然后再递交忽必烈的信件。他们于是从海路回家。

当波罗兄弟抵达威尼斯时，他们已经离开了将近十年。他们发现尼可洛的妻子（我们不知道她的名字）已经去世。他们与尼可洛的儿子马可团聚，那时他差不多十五岁。两人在威尼斯等待了两年，梵蒂冈依然没有传来新教皇选举的消息。他们决定离开，这次把马可也带上。他们的计划是回到阿克，从教会官员那里获取给忽必烈的信件，然后在耶路撒冷拿一些圣墓教堂中的油。在完成了部分忽必烈的要求之后，他们就启程前往他的宫廷。他们的陆路旅行始于阿亚斯（阿亚斯对于基督教徒来说，是一个关键的港口。在1291年阿克、提尔和的黎波里以及其他十字军港口陷落之后，它的重要性更为提升）。

马可·波罗启程旅行：东地中海

随着波罗搭乘的船驶出威尼斯港口，开始在亚得里亚海乘风破浪前 145
往阿克，年轻的马可的思绪又飘向何方呢？他的父亲和叔叔是否告诉了他多少他们在东方的体验？他们有没有告诉他与忽必烈大汗的会面？当他呼吸着海上咸湿的空气时，马可有没有开始了一场激动之后数世纪人心的旅程的预感呢？我们只能猜想这些问题的答案，因为马可在游记中很少谈到他自己。总体上，他似乎像大多数前近代旅行家一样相信，比起他自己，他的读者对他所观察的，或是通过其他方法了解到的土地和人更有兴趣（这与现代的，自我中心的旅行游记是多么不同啊）。

于是序言没有告诉我们有关于波罗横渡地中海旅行的任何细节。然而，因为地中海的商业从十字军东征早期的时代开始就一直处于上升期，所以在这方面有许多史料可以帮助我们。我们知道意大利商人和航运，尤其是那些威尼斯和热那亚人，经常航行到阿克和阿亚斯。1104—1291 年，阿克处于十字军的统治之下，威尼斯商人在城内拥有特殊的贸易权利。他们每年都通过运输大量的十字军、朝圣者、商人和货物赚取可观的利润。阿亚斯在 1200 年左右崛起成为国际贸易的中心。这与小奇里乞亚亚美尼亚王国的建立不无关联。在一个半世纪的时间里，安纳托利亚的港口成为了丝绸之路与地中海和黑海许多港口之间的关键连接点。

我们可以推测，当波罗一家人在 1271 年从威尼斯出发时，他们选择的月份是 4 月和 8 月之间。与古典时代相同，13 世纪的地中海远航也在 4 月到 9 月间进行。此时风向和其他的条件都最适宜。从威尼斯到阿克的远航，在顺风条件下通常需要3—4 周；而回程通常是逆风，时间则长得多。

波罗前往阿克的远航发生在地中海航海科技出现重大突破的早期。这些突破就发生在威尼斯和热那亚的船坞里。意大利制的船体现在更长（长达 130 英尺），更坚固（能够荷载 600 吨货物），船帆也比过去数个世纪更有利于航行。有些非常重要的革新（固定舵，海上罗盘和海岸线海图） 146
可能通过印度洋传自于中国。其他的革新，就像额外的船头与船尾的上层建筑，则似乎是从地中海独特的航海习惯发展而来。尽管这些航海技术的革新起源非常遥远，它们的影响迅速地传播到了整个地中海地区。结果是地中海地区和黑海的远航数量有了明显的增加。在 14 世纪早期，通过直布罗陀海峡的航路自罗马时代之后再一次开启。

根据序言的记述，这三位波罗家的人在前往阿亚斯的道路上按照预定计划在阿克和耶路撒冷停留。在耶路撒冷，序言中记述他们在圣墓获取了灯油。尽管当时穆斯林，也就是马穆鲁克埃及人控制了耶路撒冷，但是他们依然可能真的获得了这些灯油。其他同时代的基督徒也可以毫无阻碍地拜访圣城。

然而，我们在序言中进一步看到，在阿克，波罗家的人遇见了新当选的教皇格里高利十世。这件事可能不是那么真实。但是序言说教皇交付波罗家的人送给忽必烈大汗的信件和礼物。尽管我们从其他的史料中得知，在 1271 年教皇的确是在阿克，但是任何教皇国的记录都没有提到波罗——或是来自于忽必烈的信。这让人困扰。是不是马可和鲁斯蒂谦生造了这段与格里高利十世相遇的故事，以引诱读者继续往下读？我们不能排除这种可能性。

从陆路穿过波斯

我们不是很确定波罗家的人在阿亚斯之后取道哪条路线。他们从蒙古统治下的波斯经过，抵达位于波斯湾的霍尔木兹的港口。他们也许先从东安纳托利亚和亚美尼亚的高地进行 600 英里的旅行。在这段道路上，商队经常来往。然后抵达大不里士，这是蒙古征服波斯后建立的伊利汗国的首都，也是一个主要的长距离贸易中心。从大不里士转而向南，继续从陆路旅行将近 1 000 英里抵达霍尔木兹（同样可行的路线，是从阿亚斯向东旅行到幼发拉底河，然后顺流而下抵达波斯湾）。

马可·波罗对霍尔木兹印象深刻，他在从中国的回程中也拜访了这
147 个地方：

> 岛上有一座城市叫霍尔木兹。它的港口是印度各地经营香料、药材、宝石、珍珠、金线织物、象牙和其他许多商品的商人云集之所。他们将这些商品卖给其他商人，由这些人再运销世界各地。所以，该城的商业闻名遐迩。它还管辖着好些市镇和城堡[①]。

从霍尔木兹开始，波罗家的人可能希望从海路继续向东旅行。然而，当他们从波斯港口出发的时候，他们依旧选择了陆路。马可·波罗告诉我们原因：

> 霍尔木兹人所建造的海船十分落后，使商人和其他乘客在航行中会遇到很大的危险。这种船的缺陷就在于建造时不能用钉子。因为造船的木料过于坚硬，像陶器一样容易碎裂。当钉钉子时，钉子总是回弹起来使船板裂开。所以船板的两端必须小心地用螺旋钻穿孔，再将大木钉楔入，才能建成船体。然后再用印度出产的一种里面生有像毛一样纤维的坚果皮（椰子），制成绳索，绑住全船。这种绳索的制法是：先将这种坚果的皮浸在水中，使较软的部分腐烂，然后将其中的丝条洗干，制成绳索用来绑船。这种绳索在水中能经久不断。他们的船底也不涂沥青，只涂一种鱼脂肪制成的油，再用麻絮填塞缝隙。每船只有一根桅杆、一把舵和一个舱。货物装上之后就用兽皮盖住，再将运往印度的马匹放在上面。船上没有铁锚，只有一种水底绳索。因此，在恶劣的天气中——这些海上的波浪很大——小船常被风刮到岸上，发生触礁沉没的惨事。[②]

他们害怕登上这样缝起来的船只（这项技术在现在南印度和斯里兰卡的渔船上依然在使用），波罗家的人再一次骑上马背，向东北方向进发。他们穿过干旱的波斯平原，行程 900 英里抵达巴尔克。他们可能在呼罗珊大道上走了一段路，这条道路在古典时代以降就被无数的旅行者加以利用（可见第四章）。

---

① 译文选自《马可·波罗游记》，梁生智译，中国文史出版社 2008 年版，第 41 页。——译者注

② 同上，第 42 页。

波罗家的人大概是加入了许多当时在蒙古治下的波斯旅行的驴队中的一支。尽管同商队一起旅行非常常见，但是这并不轻松。驴队中包括了将近一千头又臭又脏的驮畜，而他们所行进的道路并不比尘土飞扬的小道好多少。

马可·波罗没有抱怨，他反而尊敬这些吃苦耐劳的动物，并且在作品中明确地表述：

> 波斯还是躯体庞大、体形优美的驴子的饲养场。当地驴子的价
> 148 格还在马匹之上，因为驴子容易饲养，能驮较重的物品，走较远的路，这都是马和骡子赶不上的。商人们从这一王国到那一王国，必须经过广阔的荒原和水草匮乏的沙漠，即使有清泉或水源的地方，也相距甚远。因此每天的行程都很长。所以商人们喜欢使用驴子，因为驴子在经过上述地带的时候十分迅速，而且所需的饲料又很少。这里的商人也偶尔使用骆驼，它们同样可以运载重物[①]。

尽管当时处于"蒙古和平"时期，个人安全依然是波罗兄弟和其他沿着道路的旅行者主要担心的问题。车马商队规模庞大有助于保证商品的安全并防止盗匪攻击旅行者。波罗拥有第二个安全感的来源，就是忽必烈在之前旅行给予尼可洛和马菲奥的"金牌"。无视蒙古的权威，攻击官方保证他们道路安全的某些旅行者的匪帮完全是自取灭亡。

蒙古人在保护他们土地上的旅行者的安全方面，并不是完全成功。在另外一篇富有启示性的文章里，波罗告诉我们在蒙古统治的波斯的道路抢劫的问题：

> 波斯境内有些地方的居民属于野蛮民族，残暴嗜杀，彼此互相残害也都是司空见惯的事。它们如果不是因为害怕东方鞑靼人的残酷惩罚，一定会伤害更多的过往商旅。不过，也有一种方法可以保护商旅。凡是在这些危险地带行走的商旅，可以从居民中雇一名向导，由

① 译文选自《马可·波罗游记》，梁生智译，中国文史出版社 2008 年版，第 36 页。——译者注

> 向导护送他们从这个地区到另一个地区，并同时保证他们的安全。这些向导根据路程的远近，向每只运货牲口收取三或四个银币。他们都是回教徒。①

波斯的强盗似乎在西南方最多，但是伊利汗国的权威正在衰落。波罗告诉我们，在这一带旅行时他和他的伙伴们被强盗攻击。盗匪捉住了很多人，其中一些被卖为奴隶，另一些则被杀。波罗兄弟侥幸逃脱。

他们通过波斯的旅行得到了留存下来的商队客栈网络的帮助。这些
网络是阿拔斯时代在主要的道路两旁和大多数城市之间建立的。波罗没 149
有提到这些客栈，但是他一定在许多客栈中投过宿。这些客栈间隔 25 英里（通常是一天的行程），坚固得犹如堡垒一般。它们为辛苦旅行一天、已经人困马乏的旅行者提供休息场所。在这些建筑中，旅行者可以找到粮食、水、睡觉的床铺、草料、马厩、堆放货物的仓库。有些客栈，尤其是那些在城市里的，还设置了买卖货物的小市场。在客栈中，旅行者还可以互相交换路况信息，听听当地的八卦，互相交流旅行的故事。尽管蒙古人在西进的时候，摧毁了大部分中亚（和俄国）城市，他们似乎放过了客栈网络。可能他们的目的仅仅是恐吓城市居民，然后保存贸易网络以课税。

波罗一家在巴尔克停留（伊本·白图泰来访的两代人之前）。这是伊利汗国统治之地的东部边境，这为我们提供了蒙古统治对商旅城市带来的影响这方面的一些证据：

> 巴拉芝（巴尔克——译者注）城在古代非常宏大，后来因为鞑靼人的屡次侵袭，毁灭了它的部分建筑物，使城市受损不小。城中有许多大理石建造的宫殿，现在虽仅存残骸，但宽阔的广场仍旧历历在目。据居民讲，亚历山大大帝曾在这里娶德里厄斯王（即波斯王大流士——译者注）的女儿为妻。回教在这里很有势力。②

在波罗对巴尔克的记述中，似乎有三点值得注意。第一，我们了解到，

① 译文选自《马可·波罗游记》，梁生智译，中国文史出版社 2008 年版，第 36 页。——译者注

② 同上，第 49 页。——译者注

巴尔克人令人吃惊地似乎还保留着对亚历山大婚姻的记忆。尽管过去了许多个世纪，他们似乎搞混了罗莎妮的身份背景；事实上她是一个地区统治者的女儿，而非波斯皇帝的后裔。第二，马可·波罗让我们看到，玄奘在这座城市中所见证的繁荣的佛教文化，这时已经消失。巴尔克现在是穆斯林城市，在过去的数个世纪中，伊斯兰教在中亚广泛传播。

波罗对巴尔克评价的第三个方面依然是有关于蒙古统治的影响。用波斯史学家的话来说，成吉思汗和他的士兵“扫平所有的文明”，已经过去了整整五十年。但是，马可·波罗的评论暗示，在这期间巴尔克城的某些部分已经被重建了。这要归功于蒙古支持长距离商贸的国家政策。

在察合台可汗的国度

150 从波斯的东部边境开始，波罗穿过中亚，经过整整 2 000 英里的路途抵达中国的边境。他们的路线是从阿富汗北部的平原，翻过帕米尔高原，循着塔克拉玛干沙漠南部边缘上星星点点的绿洲前进。这些土地都处于察合台可汗国的松散控制之下，居民是说突厥语的农夫和牧人，大多数都是穆斯林。当地的许多城市长久以来都在东西方贸易中扮演着重要角色。其中的居民包括许多聂斯托利派基督徒和犹太商人，他们操叙利亚语或波斯语。

* * *

波罗一家人在巴达赫尚的高地国家（今阿富汗东北部）停留了一年。那里凉爽、有益健康的空气让马可从可能是在霍尔木兹染上的疾病能够痊愈。他报告说，巴达赫尚的国王（一定是察合台汗国的臣属之一）自称是亚历山大大帝的后代。波罗对于这个地区的描述特别提到了这里出产的珍稀宝石（红宝石和青金石）和良马、猛禽以及大群的野羊。当地有一种以长角闻名的羊，还以威尼斯人的名字命名。

波罗一家人用数个星期的时间穿过了冰雪盖顶的帕米尔山脉，其中有地球上最高的山峰。在低海拔地区，马可·波罗看到翠绿的牧场和许多野生动物，但是他说高原上稀薄的空气和极低的温度使得任何动物都无法生存。他们很难生起够旺的火来煮饭。十二天的帕米尔最高的山地旅行，波罗一家没有发现任何旅店，于是他们不得已携带所有的干粮。

就像玄奘一样，波罗一家从帕米尔高原前往喀什，然后沿着塔克拉玛干沙漠南边的道路抵达中国边境（今甘肃省）。他们似乎很快地穿过了塔克拉玛干沙漠中的绿洲，可能是因为他们旅行当时正值超热的夏季。波罗对于各个绿洲的描述非常简略，没有包含太多的信息。但是当他提到旅行者在塔克拉玛干地区所面对的困难时，我们立刻就会回想起 6 个世纪前玄奘所面对的考验。

> 如果在晚上，掉队的人听见大队人畜在道路的这边或那边行进的声音，他们又会认为这是他们同伴的足音，于是向发声地方走去。 151
> 等到天一破晓，他们才发现自己已经离开了大道，陷入了一个危险的境地……据说这些幽灵，有时会在空中发出乐器的响声、鼓声和刀枪声，使商旅们不得不缩短自己的队伍，采取密集队形前进。商旅们在晚上休息之前必须小心谨慎，要定下一个前进的标志，来指出第二天要走的路，并在每只牲畜的身上挂一个响铃。①

在忽必烈可汗的国度

在旅行了将近两年，行程超过 8 000 英里（从威尼斯上船时开始算起）之后，波罗一家人在 1273 年进入了中国西部。他们通过甘肃的河西走廊，前往河套地区的北部。对于现代旅行家来说，中国的这个地区最吸引人的景点是长城的遗址，但是马可·波罗只字未提。就像我们之前看到的，马可·波罗忽略了长城，让一些学者怀疑他是否真到过中国。然而，最近的研究表明，虽然中国人在他们的北部和西部边境一直以来都建设了防御性的城墙，但是长城直到 15 世纪方才开始修缮。这远在波罗来华之后。因此马可·波罗在书中没有提到长城并不影响他抵达中国的真实性。

① 译文选自《马可·波罗游记》，梁生智泽，中国文史出版社 2008 年版，第 62 页。——译者注

出于未知的原因，马可·波罗用了一年多的时间才走完从甘肃西部到位于蒙古境内的忽必烈大汗的夏都上都的路程。也许他们流连于甘肃的地区首都。无论如何，在沿着主要的车马道穿过甘肃抵达河套地区后，波罗一家向北前往蒙古草原。

波罗一家在1274年或是1275年抵达上都。这对于忽必烈大汗、蒙古人和中国人来说都是重要的时刻。尽管蒙古人已经统治了中国北部超过一代人的时间。但是在13世纪70年代他们才最终击败了南宋王朝的军队，控制了中国南部。这一地区拥有世界上最富有活力的经济。蒙古人征服了黄河以南的土地，意味着中国在两个多世纪之后重新得到了统一。而忽必烈大汗现在是世界上人口最多、最富有的国家的统治者。

152 波罗一家在中国待了十七年。他们可能被忽必烈所雇用。许多外国人都被召为官员，因为能够充当行政官员的蒙古人实在少之又少，而他们又不相信中国臣属的忠诚度（他们也不会说汉语）。就像我们看到的，马可·波罗似乎夸大了他在中国时的重要性。然而，本书包含了许多关于蒙古人以及中国的情况的准确信息，这使得马可·波罗声称他以大汗的名义在中国四处旅行以为他搜集情报的事情有一些可信度。

值得强调的是，尽管马可·波罗在中国待了十七年，他依然是一个在异邦中的外国雇员。忽必烈改国号为“元”（意为“起初”），建造了一个汉人式的首都。但是总体上，蒙古人依然有意地把自己同汉人臣属互相区别。于是忽必烈没有使用汉人长久以来用来拣选人才的儒家科举考试制度。蒙古人与汉人之间的联姻也极为稀罕。蒙古妇女不接受汉人长久以来的“缠足”习惯。这都说明，蒙古人和汉人之间有着鸿沟，就像在1850年到1960年左右，欧洲和他们在亚洲的殖民地臣属之间的关系一样。

蒙古人和汉人之间的隔阂有助于我们了解为何波罗从来没有学会读写汉语。为了履行对大汗的职责，他一定和他的父亲与叔叔一样听从于蒙古人。但是对于波罗和许多其他为蒙古人服务而当官的外国人来说，事实上没有必要了解汉语。他们可以依靠充当翻译的当地臣属。而且这并不意味着马可·波罗的游记对于中原和汉人只字不提。我们很快就会看到，游记中有大量珍贵的信息。然而，马可·波罗对于蒙古人的描写更为亲近，总体上也更为生动。

波罗用一段简短而富有洞察力的叙述介绍蒙古人在草原上的“习俗与日常生活”，包括他们季节性的迁徙，圆圆的而且能移动的蒙古包，用动物皮毛覆盖的大车和他们的主食——奶和肉。他对于蒙古地区的描述，特别有趣的是游牧民中萨满教的重要地位：

> 他们认为有一位至高的神，荣耀且居于上天。他们天天向他进香祈祷……他们还有一位自己的神，名为纳蒂盖（Natigai）。他们认为他是一位大地神，照看他们的子嗣、畜群和庄稼。他们也非常尊敬和崇拜他。每个人家里都有这个神的偶像。他们用毛毡和布制作这个神，以及他的妻子和孩子的偶像并供奉他们。他们把他的妻子放置在他的左边，孩子们放置在他的前面。他们非常崇敬这些偶像。当他们准备开饭时，他们用一堆膏油涂抹这个神和他的妻儿的嘴。然后再把一些肉汤倒到屋子的外面。当这些准备工作都完成之后，他们认为神和他的家庭都收到了他们的那份餐食。之后他们才开始吃喝。

马可·波罗估计欧洲读者对蒙古的军事特别感兴趣，因此他写了数 153
篇关于这个主题的长篇大论。他对蒙古士兵吃苦耐劳的能力、在马背上的技巧、佯败的战术和蒙古领军者组织部队的细心程度印象深刻。

波罗最有名的篇章是关于忽必烈大汗和他在上都的宫殿群。波罗称大汗为“世界上从古至今最伟大的领袖”，并且描述了大汗庞大的家族，包括四位妻子和许多姬妾。每个妻子都有一个由数百名侍女以及众多仆人组成的小宫廷。根据波罗的说法，忽必烈有正妻所生的二十二个男性子嗣，还有姬妾所生的二十五个儿子（女性后嗣的数量波罗没有提及）。

波罗对于忽必烈个人长相的描述对于现代读者来说有些模糊，这更加强了一个观点，即这个威尼斯旅行者从来没有与大汗直接见过面。

> 忽必烈大汗是一位心地善良的人。他中等身材，四肢健美，比例协调；面色不错，红润得像一朵玫瑰。他的眼睛漆黑而英俊，鼻子挺拔端正。

但是我们必须要知道，当时的欧洲人并不是总是“看到”现在欧洲人所看到的东西。欧洲的肖像画和人体雕塑在文艺复兴时期（1300—1600）才开始兴盛，当时才刚刚开始。波罗遵照他那个时代的欧洲作家的写作手法，来描绘忽必烈和其他在旅行中所遇见的人的面貌。

对中国的感觉

154 当马可·波罗从一个外人的角度来观察中国的时候，他明显被他的所见所闻和他的热情打动。这在他的书中有非常明显的印象。他对于中国无可比拟的财富和放在现在会被称为“消费繁荣”的感觉表现得非常明显。

他特地说明，他经常拜访的贸易大市杭州，其中有超过 12 000 座桥，周长一百英里，其中充斥亚洲各地包括印度的货物。商店则提供消费者“他们所想要的一切”，肉、鱼、蔬菜和水果都非常充足。人口的规模让人疑惑怎么可能填饱他们的肚子——“提供足够的食物似乎是不可能的”——但事实上每天船只都带来大量的货物。大多数人穿着丝绸，手工业发展到了很高境界。当然居民都是“崇拜偶像者”（佛教徒、儒学家、道教徒），但是这个基督教色彩浓厚的评论被对于丰富物质文明的羡慕所淹没。寓所、画舫、石头铺的街道更增加了马可对于城市基础设施的赞叹。中国的政府也值得称赞：每个人死亡都有书面记载，因此当局总是知道具体的居民数字。书中还有很详细的程序的记载。

马可热衷于夸张，偶尔会编造，就像他之前的旅行者一样。他说西藏人为旅行者分配年轻女性，只要他们不带走这些女性，就可以随意处置她们。事实上波罗并没有拜访西藏，虽然他暗示作为旅行者，他也有过这种性冒险的经历。但是他对于西藏的描述明显是为了挑动读者阅读的欲望——之后他说，“如果一位 16 岁到 20 岁之间的小伙子没有拜访过这个地方，这可真是让人遗憾”。他在论述另一座他仅仅是听说过的城市的时候更为贬损：“在那里偷盗和做坏事不被认为是犯罪，那里的人是世界上最糟糕的强盗和恶棍。”

然而，波罗也用他对于中国的陈述，向读者展示一个除了宗教之外，方方面面都远远超过欧洲的国家。有时他的描写无意识地将当地的出产与当时遥远西方的同类物品比较，例如纸币，或是在冶金业中使用煤。这值得我们思考。

将他与伊本·白图泰比较也非常具有启发性。两人都有着对冒险的热爱，以及不少的自吹自擂。白图泰的旅行范围更广，但是他有一个优势，就是延伸很广的伊斯兰网络。我们已经看到了他愿意到网络之外进行旅行，但是通常都会对当地持批评态度（就像他访问中国的时候那样），当他在伊斯兰圈外的时候就非常消极。马可·波罗的家乡是相比起来地理范围小得多的欧洲和基督教圈子。他愿意为家乡的听众记录“不信者”的成 155
就。伊本·白图泰没有必要告诉中东和北非的人他们应该效仿什么；尽管当时西欧开始进入上升期，但是依然与阿拉伯世界情况不同。因此马可·波罗的旅行经历与伊本·白图泰形成了完全不同的影响。

归乡

马可·波罗声称，他和他的叔叔数次试图取得忽必烈可汗的同意，回到欧洲。但是都被拒绝了。无论如何，他们最后终于等到了机会。大汗决定将一位蒙古公主作为新娘送往波斯。三位蒙古贵族负责护送新娘，而波罗一家就陪伴他们。根据一人的建议，他们一开始想要走陆路，但是路线被各汗国之间的争战所阻挡。另一人则建议他们绕道海路，这样不会致使新娘太过疲劳。可汗给了他们两块“金牌”，保证他们在全境都来去自由，并能够获取补给。还有一封（据马可·波罗说）给欧洲统治者的信。十三艘船就这样出发了，准备进行两年的旅行。在苏门答腊岛（今印度尼西亚）停靠之后，他们横渡印度洋前往波斯。据波罗叙述，旅行变成了灾难。因疾病和海难，队伍里有600个人死去，只有8人生存。中国和波斯的记载都证明的确有这样一次伴随着联姻的旅行，但是他们对这场灾难都毫无记载——然而旅行依然非常危险，因此这场严重的挫折有一定的可信度。

回程的时候，马可·波罗还有机会探访亚洲的其他地区。他又一次描述了各种吸引人的物品和奇怪而奇妙的生活方式。他对于印度西南方的奎隆（Quilon）大加赞叹："那里一切都与我们不同；更漂亮，也更好。"对于一个骄傲的威尼斯人来说，这是很高的赞赏。

波罗一家人在波斯宫廷中逗留了数个月，帮助筹办婚事。之后他们前往一个黑海港口。在那里他们声称一位与威尼斯作对的拜占庭地方统治者抢走了他们的一小笔黄金。在1295年，他们抵达君士坦丁堡，然后回家了。他们已经离家二十四年，马可·波罗已经接近四十岁了。之后不久，波罗就被囚禁（其原因我们现在还不完全清楚），他的游记随之问世。

游记问世及影响

156 马可·波罗的监狱生涯时间不长。出狱之后他结婚了，并以一个谦逊的父亲的方式渡过余生。他展示了从蒙古带回来的几样物品，包括从大汗那里得来的礼物。传言他积攒了巨大的财富，但是我们几乎可以肯定他们是错的。但是游记非常优秀。在二十五年中，该书被译为法文、各种意大利方言、拉丁文，可能还有德文。在当时从来没有一个作家能在有生之年看见自己的作品流传如此之广。学者们都来咨询他。一位地理学家称他为"我所知的旅行最广，而探索最勤的人"。马可死于1324年。有个故事说，他在临终时朋友催促他把游记中所有的夸张都去掉。马可回答说，他还没有说出他旅行所见所闻的一半。直到最后，他还是固执己见。

前往蒙古地域的旅行在马可·波罗之后依然继续着。在1287年，伊利可汗向欧洲派遣了一名大使，重新点燃了教皇对于亚洲的兴趣。他派遣了数名新传教士前往中国。在1345年，有些人成功地让一小群人皈依。然而这个成就来得快去得也快。许多教堂依然主要为由于经济原因而前来中国的欧洲商人提供服务。在1342年竖立的一块天主教徒墓碑（1951年被发现）上，记载了一位意大利商人女儿的过世。他的家庭就是当地天主教团体的一员，并且为城市的教堂进行了捐献。

欧洲的旅行文学也得到了发展，尽管走了一些弯路。在1357年左右，一本由自称为约翰·曼德维尔（John Mandeville）爵士撰写的《游记》出现了。其原版是法语,之后被转译成了各种语言。这本书非常花哨,然而很少描绘真实的情况。他谈论亚洲和非洲时,说中国有头长在肩膀下面的人,55尺高的巨人,和埃塞俄比亚有天生只有一只脚的人(他们坐着的时候就把脚当伞用)。而很多人关注的是神秘的基督教国王牧师约翰,他应该位于亚洲的某地(马可·波罗也相信有牧师约翰)。尽管有各种各样的奇事——在真正的旅行文学中也不少——许多读者相信这是一份真实的旅行记录。而曼德维尔是有史以来进入亚洲的、最富冒险精神的旅行者。这份游记的第一部分,主要描绘了相当真实的、前往圣地的朝圣之旅。顺便还记录了埃及和中东的情况(其中包含了大量对统治者后宫的猜测,长久以来,这都是欧洲人最爱的幻想)。这里大部分都抄袭了其他的游记。第二部分则谈论前往印度和大汗统治下的中国的旅行。这部分充满了想象。但是这本书引起了许多人的注意;现存就有数百份抄本。而哥伦布航海时带的就是马可·波罗的游记和这本书。明显地,在人们还分不清想象和
现实的时代,即使是幻想也反映了他们对遥远的地方不断增长的兴趣。而 157
曼德维尔的《游记》,毫无疑问进一步激发了真正的远航,这些远航维持并建立了欧洲与非洲和亚洲的联系。同时非常清楚地表明,这些想象反映了蒙古所产生的联系的重要性。

到14世纪,一位在中国西部的蒙古支持者王立将会声称在可汗的统治下"文明四处传播,不再有障碍存在……人间的兄弟之情达到了新高度。"

结 论

然而事实上,蒙古的时代已经于14世纪中叶开始了终结。随之而来的是旅行的挫折。蒙古在波斯的统治结束于14世纪30年代,到1368年,他们被赶出了中国。很快他们在俄国也受到攻击。另外,从中国传到中东和欧洲的鼠疫,造成了地区人口和经济的灾难性后果,进一步导致初生的地区间交流的瘫痪。没有了大汗们提供的保护,陆路旅行变得特别困难。我们在之前的章节就已经看到,伊本·白图泰在从中国回家的路上,不仅

在印度，还在中东的部分地区面临着政治的不稳定。而这种情况在 14 世纪会变得更为糟糕。鼠疫也影响到了伊本·白图泰，并促使他踏上了最后的征程。再一次地，因为某些原因，从北非和西欧通过中亚抵达中国的路线受到了干扰，而马可·波罗和伊本·白图泰的经历很快就变成了似乎遥远的过去。

然而这是本章、而非本书的结局。像伊本·白图泰和波罗家族这样的旅行者留下的遗产有数个长远的影响。欧洲人通过旅行和贸易，已经了解到了像印刷术，火药，甚至是扑克牌这样的新事物。而部分是由于马可·波罗这些人的发现，使这些东西传播开了。这些后古典时期的旅行所带来的科技传播具有极其重要的意义。

商业刺激和冒险的需求也依然强烈，不会因为旅行结构的改变而消失。中国和亚洲的其他部分被描述得美轮美奂，其吸引强烈到欧洲人和其他地方的人不会放弃他们想要建立接触的努力。旅行者的发现，尤其是他们旅行所产生的精确的地图，也贡献非凡。马可·波罗的游记本身就发挥着持续不断的影响。他的游记就我们所知，从印刷进入实践之后，从来没有绝版，在它问世之后，许多人阅读它并进行讨论。它塑造了欧洲人对于
158 一个富有而物质充足的中国的印象。它激起了人们对于跨国贸易所带来的利润和激情，以及旅行本身这项奇观的兴趣。它直接鼓舞了之后的旅行者。接下来，旅行者将会走得更远。

延伸阅读

章节引文来自以下作品：

Peter Jackson, thith David Morgan,eds., *The Missions of Friar William of Rubruck*, trans. Peter Jackson（London: Hakluyt Society, 1990）and

Marco Polo: The Travels. ed. and trans. Ronald Latham（London and New York: Penguin Books, 1958）

后古典时代的欧洲，公元500—1000年

Peter Brown, *The Rise of Western Christendom: Triumph and Diversity, A. D. 200 –1000,* 2nd ed.（Malden, Mass:Blackwell, 2003）

Robert Lopez, *The Birth of Europe*（New York: M.Evans, 1966）

John Man, *Atlas of the Year 1000*（Cambridge, Mass.: Harvard University Press, 1999）

Michael McCormick, *The Origins of the European Economy: Communications and Commerce, AD 300 –900*（Cambridge and New York: Cambridge Univeristy Press, 2001）

Julia M. H. Smith, *Europe After Rome: A New Cultural History 500–1000*（Oxford and New York: Oxford University Press, 2005）

欧洲的扩张：公元1000—1300年

Robert Bartlett, *The Making of Europe: Conquest, Colonization and Cultural Change 950 –1350*（Princeton: Princeton University Press, 1993）

Robert S.Lopez, *The Commercial Revolution of the Middle Ages, 950–1350*（New York: Cambridge University Press, 1976）

J. R. S. Philips, *The Medieval Expansion of Europe*, 2nd ed.（Oxford and New York: Oxford University Press, 1998）

陆路与水路

Marjorie Nice Boyer, ‘A Day’s Journey in Mediaeval France,’ *Speculum* 36.4（October 1951）: 597–608

Archibald R. Lewis and Timothy J. Runyan, *European Naval and Martime History, 300 –1500*（Bloomington, Ind.:Indiana University Press, 1990）

旅行、旅行者概述

Rosamund Allen, ed. *Eastward Bound: Travel and Travellers, 1050 –1550*

（Manchester and New York: Manchester University Press, 2004）

159 John Block Friedman and Kristen Mossler Figg. eds., *Trade, Travel and Exploration: An Encyclopedia*（New York and London: Garland, 2000）

Norbert Ohler, *The Medieval Traveller*, trans. caroline Hillier（Woodbridge: Boydell Press, 1989）

欧洲旅行者和“他者”

Mary C. Campbell, *The Witnees and the Other World: Exotic European Travel Writing, 400 -1600*（Ithaca and London: Cornell University Press, 1988）

John Block Friedman, *The Monstrous Races in Medieval Art and Thought*（Cambridge: Harvard University Press, 1981）

Zweder Von Martels, ed., *Travel Fact and Fiction: Studies on Fiction, Literary Tradition, Scholarly Discovery and Observation in Travel Writing*（Leiden: E. J. Brill, 1994）

十字军

Thomas F.Madden, *The New Concise History of the Crusades*: *Updated Student Edition*（Lanham, Md.: Rowman and Littlefield, 2006）

Jonathan Riley-Smith, ed., *The Atlas of the Crusades*（New York: Facts on File, 1991）

Christopher Tyerman, *God's War, A New History of the Crusades*（Cambridge: Harvard University Press, 2006）

基督徒的朝圣

Esther Cohen, ‘Roads and Pilgrimage: A Study in Economic Interaction,’ *Studi Medievali*（1980）: 321-41

Robert Ousterhout, ed., *The Blessings of Pilgrimage*（Urbana and Chicago, Ill.: University of Illinois Press, 1990）

Jonathan Sumption, *Pilgrimage: An Image of Medieval Religion*（Totowa, N.J.: Rowman and Littlefield, 1975）

John Ure, *Pilgrimages: The Great Adventure of the Middle Ages*（New York: Carroll and Graf, 2006）

Diana Webb, *Pilgrims and Pilgrimage in the Medieval West*（New York: I.B. Tauris, 2001）

犹太人的旅行

Martin Gilbert,ed., *The Routledge Atlas of Jewish History*, 6th ed.（London: Routledge, 2003）

S. D. Goitein, *A Mediterranean Society: The Jewish Communities of the World as Portrayed in the Documents of the Cairo Geniza*, 6vols.（Berkeley, Cal.: University of California Press, 1967–96; paperback ed., 1999）

Andre Wink, 'The Jewish Diaspora to India: Eighth to Thirteenth Centuries,'（The *Indian Economic and Social History Review* 24.4（1987）:349–66

马可·波罗和他的时代 160

Janet Abu-Lughod, *Before European Hegemony: The World System AD 1250–1350*（Oxford and New York: Oxford University Press, 1989）

Thomas T. Allsen, *Culture and Conquest in Mongol Eurasia*（Cambridge and New York: Cambridge University Press, 2001）

Jacques Gernet, *Daily Life in China on the Eve of the Mongol Invasion, 1250–1276*, trans. H. M. Wright（Stanford, Cal.: Stanford University Press, 1962）

Iain Macleod Higgins, *Writing East: The 'Travels' of Sir John Mandeville*（Philadelphia, Penn.: University of Pennsylvania Press, 1997）

Linda Komaroff and Stefano Carboni, eds., *The Legacy of Genghis Khan: Courtly Art and Culture in Western Asia, 1256–1353*（New Haven, Conn.: Yale

University Press, 2002）

John Larner, *Marco Polo and the Discovery of the World*（New Haven, Conn.: Yale University Press, 1999）

David Morgan, *The Mongols*（Oxford and Cambridge, Mass.: Blackwell, 1986）

——, *Medieval Persia 1040 -1979*（London and New York: Longman, 1988）

Igor de Rachewiltz, *Papal Envoys to the Great Khans*（Stanford, Cal.: Stanford University Press, 1971）

Morris Rossabi, *Voyage from Xanadu: Rabban Sauma and the First Journey From China to the West*（Tokyo and New York: Kodansha, 1992）

Arthur Waldron, *The Great Wall of China: From History to Myth*（Cambridge and New York: Cambridge University Press, 1990）

Frances Wood, *Did Marco Polo Go to China*?（London: Seeker & Warburg, 1995）

原始资料

Elkan Nathan Adler, ed., *Jewish Travellers in the Middle Ages: 19 Firsthand Accounts*（London, 1930; reprint, New York: Dover, 1987）

The Itinerary of Benjamin of Tudela, trans. Marcus Nathan Adler（New York, 1907; reprint, Malibu, Cal.: Joseph Simon / Pangloss Press, 1987）

Christopher Dawason,ed. *Mission to Asia*（London, 1955; reprint, Toronto: Medieval Academy of America, 1980）

Peter Jackson, with David Morgan,eds., *The Mission of Friar William of Rubruck*, trans. Peter Jackson（London: Hakluyt Society, 1990）

Robert S.Lopez and Irving W. Raymond, eds, *Medieval Trade in the Mediterranean World*（New York: Columbia University Press, 1955）

C. W. R. D. Moseley, ed. and trans., *The Travels of Sir John Mandeville*（London and New York: Penguin Books, 1983）

Marco Polo: The Travels, ed. and trans. Ronald Latham（London and New York: Penguin Books, 1958）

John Wilkinson, ed., *Jerusalem Pilgrims Before the Crusades*（Warminster, England: Aris and Phillips, 1977）

Sir Henry Yule and Henri Cordier,eds, *Cathay and the Way thither*, 2nd ed., 4 vols.（London: Hakluyt Society, 1913-16）

第九章

旅行大爆炸：15世纪及之后

导 言

161 13 世纪和 14 世纪，从北非到中东到欧洲范围内，旅行的快速增加直接反映了蒙古帝国所创造的稳定。之后稳定状态就被打破了，而穿过中亚的陆路旅行变得明显的更加危险，并且从来没有恢复其之前的重要性，所以我们可以想见，冒险式的旅行会就此停歇。瘟疫造成的困扰——不仅仅是人口的减少，还有在许多地区出现的经济衰落的现象——使事态进一步恶化。

然而，事实上，冒险者和富于冒险精神的商人和政府则用另一种距离更长、更为重要的长距离旅行方式来应对挑战。旅行大爆炸的资源和主要路线都与之前不同，这反映了新的情况，但是基本的活力仍在。之前的旅行有助于展示广泛联系的可行性和益处，那些过去的旅行可进一步激发新的旅行。新兴的科技也有助于旅行，尤其是新的造船技术和导航手段使海路的使用变得更为广泛。在数个国家中，对于旅行的政府资助已经开始扮演重要角色，他们比之前的政府对组织远征更感兴趣。除此之外，许多其他因素也有助于野心勃勃的旅行数量的增长。

旅行者开始越来越多地开辟独特的新路线，或是把新的资源整合在一起。这种组合令人印象深刻。在许多情况下，旅行者撰写游记的意愿，或是对其他人所写的游记的兴趣都有显著的增长，都反映了对旅行产生的新的潜在影响，同时也勾勒出了对旅行的憧憬。

四种方式

四种旅行的方式特别值得注意，其中有些开始于14世纪，在15世纪 162
和16世纪早期有极大扩张。俄国人的旅行开始变得越来越野心勃勃，随之而来的是某些俄国的旅行文学作品的出现。非洲人的旅行变得越来越有冒险精神，尤其是向欧洲进发时。在一段时间之内，中国旅行者展现了前所未有的雄心，他们突破了之前富有冒险精神的先驱者的边界。最后，欧洲旅行者向新的地区进发，这种旅行很快就把其他地区的人们——有些是自愿的，有些是被迫的——卷了进来。

同时，大多数已经进行过旅行的社会依然保持着对其的兴趣。伊斯兰旅行文学继续发展，多数集中在从北非或是其他地方前往麦加的旅行上。尤其是在1453年奥斯曼土耳其征服拜占庭首都之后，前往伊斯坦布尔的旅行也有所发展。哈桑·瓦赞（Al-Hasan al-Wazzan）生于1492年被逐至北非的西班牙伊斯兰家庭，他在16世纪早期开始记录他的旅行。他声称在他还是个年轻人的时候，曾经在非洲到处旅行。当然他也在前往麦加的路上经过埃及，并且之后访问了伊斯坦布尔。但是他还走得更远，前往波斯和中亚。然后并非自愿的，他的旅行出现了转折：他被进攻北非的欧洲人俘虏，被带回意大利。在那里他渡过了许多年，然后才回到摩洛哥。他甚至用意大利语写作他在非洲的游记。这对更大范围的旅行文学是一个贡献。在回乡之前，哈桑·瓦赞还在苏丹的各地游历。

另一个我们稍熟知的旅行模式是欧洲人采用的，他们的旅行继续从地中海辐射到远方。15世纪中期，尼科洛·康提（Nicolo Conti），一位出身于意大利商人家庭、有着长久中东贸易经验的人，前往叙利亚，然后抵达波斯，顺道还拜访了阿拉伯半岛；之后他航海前往印度（访问了东西海岸）、斯里兰卡和印度尼西亚——重走了马可·波罗归乡之路，尽管没有抵达中国。康提之后与一位文艺复兴时期的知识分子合作，撰写了关于印度的著述。他还参与了部分他游记的撰写。在15世纪90年代，一位日耳曼骑士，阿诺德·冯·哈夫（Arnold von Harff）（日耳曼人是冒险旅行游戏的新玩家）拜访了埃及和中东的其他地区，然后前往印度。非常明显，他仅仅是对远方非常好奇罢了。在16世纪早期，另一位意大利人卢多维科·德瓦尔泰马（Ludovico de Varthema）拜访了印度。他伪装成一个穆斯林，说着他在大马士革自学的阿拉伯语。他关于印度的游记有一段时间与马可·波罗的游记一样著名。然而到这个时候，前往印度旅行的欧洲人因为葡萄牙商
163 人定期的远航，数量已经大大增加。这让我们回想起了之前提到的旅行大爆炸中的新因素。欧洲人也出现在撒哈拉以南非洲，就像阿拉伯使节定期做的那样：15世纪，意大利商人从苏丹寄信回来，尽管那个时候没有详尽的旅行记述。

俄国人和非洲人

俄国人在中东旅行并不是什么新鲜事：在后古典时期就有商人和朝圣者拜访过君士坦丁堡。但是在1400年蒙古人对俄国的控制有所放松之后，旅行才得以继续。越来越多的旅行者就喜欢记录下旅行中的见闻，并把与外国接触得来的知识传播给其他识字的俄国人。事实上，在14世纪的末期，斯摩棱斯克的伊格内修斯（Ignatius of Smolensk）就报告过他顺顿河而下，抵达君士坦丁堡和地中海的旅行。伊格内修斯是一个宗教使团的一员，之后他在巴尔干半岛四处旅行。其他的俄国朝圣者则继续前往圣地，建立起圣地与俄国基督教徒的联系。该联系在之后的宗教史上占有重要地位。在15世纪20年代，一位名叫佐西马（Zosima）的修士在回俄国之前在巴勒斯坦待了两年。就这样，随着对旅行兴趣的增长，一些俄国人走得更远。15世纪，一名俄国商人横穿阿拉伯半岛、波斯，抵达印度，在故乡之外渡过了数年。旅行的范围还在继续扩张。

非洲旅行也同样出现了新的动向，而非仅仅是前往麦加的朝圣。宗教在其中又一次扮演了刺激新发展的重要角色。最值得注意的是埃塞俄比亚的基督徒，他们长久以来一直都在前往圣地，这让他们在“十字军东

征”开始之后增加了许多与欧洲人接触的机会。这些接触加上对埃塞俄比亚被非洲伊斯兰势力孤立和包围的担心，导致了在13世纪一系列觐见教皇的使团的产生。埃塞俄比亚国王早在1306年就派出了30人的使团，拜访了西班牙和法国南部（当时教皇正在那里）。在乘船前往热那亚从红海水道回家之前，他们也拜访了罗马的各个圣地。埃塞俄比亚和欧洲也都出现了其他的交流渠道。

15世纪，联系开始加速。1402年埃塞俄比亚使节为威尼斯的统治者带来了猎豹和香料等礼物。另一个代表团在1450年访问了西班牙的国王，他们最大的期望是能够为宗教工程雇用一些欧洲工匠，领域包括圣乐、插画手稿和教堂建筑。其他的访问则涉及葡萄牙和意大利的其他地区。一位使节告诉教皇，埃塞俄比亚皇帝“非常希望能够与罗马教会联合，匍匐在阁下至圣的脚下”。尽管这毫无疑问是一位羡慕教皇的独立的骄傲君主的夸张表达。在这些访问的背景下，非洲人的形象开始在欧洲的基督教艺
术作品中出现。在15世纪末，教皇国在罗马为埃塞俄比亚人建造了一座 164
坚实的房屋。有些认真的学者在那里把圣经翻译成埃塞俄比亚文。

15世纪晚期，非洲拜访者也搭乘葡萄牙和西班牙的船只来到欧洲。他们中许多是俘虏，被卖作家奴。但是也有数个由统治者派出的官方代表团，其中包括刚果的国王和贝宁的统治者。他们的目的不仅仅是建立已经
成熟的宗教联系，而且还希望获得对抗当地敌人的军事援助，其中就包括 165
枪支。代表团通常都携带丰富的礼物，常常包括奴隶。他们都得到了热情的接待。葡萄牙就曾经为他们提供“银子和其他文明的物品”（包括衣服）。为了欢迎他们，还举办了数个斗牛士比赛和舞会。讽刺的是，葡萄牙计划的前往塞内加尔的回访被取消了。因为葡萄牙船长害怕热带疾病，因此直接踏上回程，而非进入内地。与刚果的来往则更为顺利。一个葡萄牙代表团，包括携带着宗教性礼物的数名传教士，直接导致了许多人在15世纪90年代皈依天主教。之后定期的互访依然继续，一直延续到16世纪早期。1550年之后，因为对葡萄牙军事力量的抗拒感，和对奴隶贸易的反感，从西非来的自愿拜访才渐渐停止。但是非洲对外的联系，曾经一度为世界史上的旅行提供了有趣的新视角，虽然非洲没有出现正式的书面旅行记述。

中国的新举措

15 世纪最主要的旅行是从中国和欧洲开始的，两者都部分受到了中亚陆路通道断绝的刺激。欧亚大陆两端的地区都开始寻找新的联系路线。

中国长久以来就通过商人和外国来访者与印度、非洲、波斯及中东产生联系。有些非洲奴隶被卖到中国，中国人对非洲地理也有一定了解。也就是说，对于新的直接旅行来说，这些背景知识已经足够。其中还有科技的因素在起作用。我们从伊本·白图泰和马可·波罗这样的旅行者的经验中可以看到，早在 13 世纪，中国的航海技术就已经大大改进了。能够一天航行 300 英里的巨船装载着大量的货物在印度洋上穿梭。一位中国观察家注意到：

> 在南海及其南方行驶的船只，就像房子一样。它们的帆，就像天空中的巨云一样张开。它们的舵，有数十英尺长。每艘船都能搭载数百人，还能储存他们一年的粮食。船上还能养猪、酿酒……每天伴随着破晓的锣声，动物就开始喝水。船员和乘客都忘记了所有的危险。对于那些登船的人，所有的东西都在空间之中迷失——山脉、地标和外国。
>
> （Levathes. p.44）

166 驱逐了蒙古人之后，一个新的明王朝建立了。他们用这些平底帆船在 15 世纪早期开展了一系列伟大的探险活动。负责指挥的是一位穆斯林海军将领郑和。起初的远征由皇帝直接发起。历史学家对其动机有诸多猜测：他明显不想要征服印度洋的领土，虽然远征引起了一些军事冲突。我们将会明显地看到，远征有宣传中国的军事力量和物产丰富的因素存在。也许他希望能够与印度洋周边的其他国家进行贸易，但是主要动机是要扩张中国的朝贡体系。这个体系长久以来规范了中国与游牧民族，以及像朝鲜半岛这样的周边国家的关系。外国政府被中国的威力和先进所吸引，向它提供许多礼物以换取良好关系。这样贡品能够缓解被代价巨大的内部纷争吸干的中国财政状况。

在1404—1405年的第一支舰队中有超过300艘船，其中有些就是上文所描述的巨型帆船。同样令人印象深刻的是人员。船队中有300名各级指挥官，每个船长都有权把闹事者当即处死。船队共有约28 000名士兵。一位天文学家被派去协助预告天气。船上还有10位外语专家，他们会说阿拉伯和其他的中亚语言。还有180名医师和药剂师，负责收集外国的草药并处理船员的健康问题。水手大多数都是被驱逐的罪犯。

船上装载了许多中国货物，包括丝绸和陶器，还有各种不同的铁器。在这之前还没有一位统治者能够集结起如此规模的舰队来证明他的荣耀。

远征队拜访了南海和印度洋的每个主要港口；舰队常常分开，以便探索更多的地方。总体上，这种复杂的方式意味着这次远航涉及了包括印度尼西亚的东南亚、印度和斯里兰卡、阿拉伯半岛和东非海岸，在那里曾经出土了中国工艺品。每到一地，郑和就与当地人和平地达成商业协议和朝贡协议。但是武装冲突还是发生在斯里兰卡（结果国王被俘虏并被带到中国，直到他能够达成释放的条件）和索马里，以及阿拉伯半岛的一处地区。舰队还数次与海盗展开遭遇战。这些海盗充斥在现在马来西亚和印度尼西亚的水域。

在1405年到1433年间，中国人进行了7次远航。1409年的探险在 168
斯里兰卡设立了一座用中文、泰米尔语（Tamil）和波斯文写的纪念碑，表达了对佛教、印度教和伊斯兰教的尊敬。根据记载，郑和给每个地区的统治者都赠送了许多礼物，包括银子、丝绸、精油和宗教饰品。

除了赠送礼物，郑和也接收回礼，并直接进行贸易。中国人把铜、南亚和东南亚的各种香料、珍珠，包括两只长颈鹿在内的奇异的野兽（在中国的动物园中展出）带回国。许多使节也一起来到了中国，他们随着下一次远征才回国。

历史学家猜测是否在某次探险远征中，中国人绕过了好望角，一睹大西洋的景色。在一本充满想象力的书的论述中，某次远征则朝向完全不同的方向，事实上他们穿过了太平洋抵达美洲，但是没有证据。这份记述的主要作用是提醒有历史意识的读者，要谨慎小心地对待旅行故事。

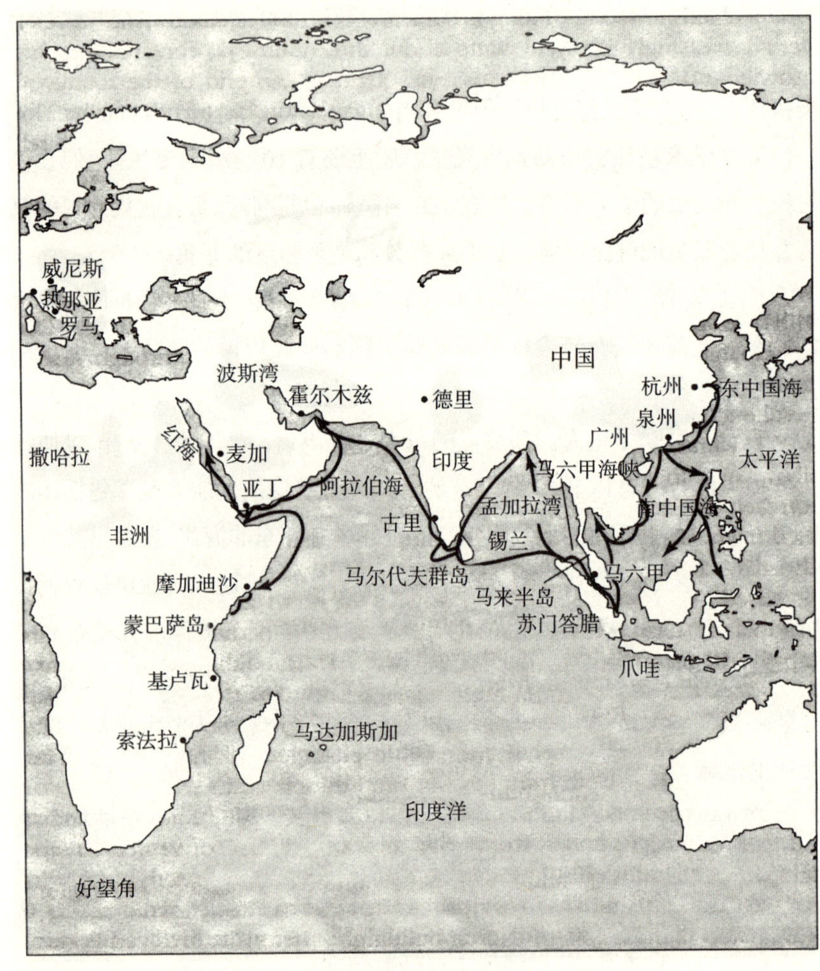

图 5 郑和的旅行

然而毫无疑问，这是一系列令人惊叹的远征。这场前无古人的旅行，涉及了成百上千的中国人。郑和也意识到了其中的野心。他之后写道：

> 我们的担心之一是我们可能不会成功。但是如果人们能够全心全意地忠诚于他的统治者，他就没有做不成的事。如果他们能够最虔诚地侍奉真主，所有的祈祷就都会有回应。

除了以意志力推动航海事业之外，中国也使用了新型的航海仪器，例如罗盘来保持航向的稳定。

最后一支远征队于1431年起航，那年郑和已经60多岁了。事实上，他在从印度到中国的回程中去世。

这位海军将领，以及陪伴他的众多人员，都当之无愧于世界历史上最伟大的旅行家的称号。明显的，他们的活动与伊本·白图泰或是马可·波罗这样的漫游者不同。郑和的确是个旅行家，但是他更是个组织者。他代表的是长久以来被许多个人所掩盖的、远征贸易中的集体努力。随着远距离旅行越来越多地取道海上，集体努力而非个人朝圣者开始吸引更多的注意力。虽然中国人特别强调规模庞大的动员和组织。

郑和的情况在其他数个方面也独树一帜。在最后一支远征队返回之后，一位新的皇帝决定结束这一系列的探险。事实上，中国的官方开始反 169
对这一系列的行为。其中有数个因素：新的统治者希望展现出他相对于他父皇政策的独立性；与蒙古人的新纠纷需要资金与关注，而这与海上远征相悖；最后国家还要回应周边的威胁，其方法包括花费巨大的金钱和劳力来翻修长城。其他与远征探险进行资金竞争的还包括建造位于北京的明朝首都。在开始建造奢华的宫殿的时候，准备新舰队的授权也停止了。可能有些官员和儒家学者在反对过多的贸易方面也扮演了重要角色。皇帝的廷臣发布了文告，其中说，“给中央帝国的人民空间，让他们可以放牧和训练”。

这些政策的长远影响还在于几乎没有人被鼓励去撰写有关远征的记述。而郑和的记录也佚失了，甚至是故意被损毁了。因此虽然这是一次伟大的旅行，它并没有——可以对照伊本·白图泰和马可·波罗——创造出伟大的文学作品，或是在中国有长远的影响。

从东南亚或是更远的地方来的使节，在15世纪中期的数十年间继续前往中国。从这个意义上来说，这次旅行依然余音绕梁。但是很快这些影响就消失了，而中国伟大的向外探索的尝试开始变得陌生。

在1477年一位中国政府的大官最后一次试图复兴中国的航海传统。他就是王直，明朝西厂提督。[1] 他号召研读郑和的记录，刺激进行新探险的

① 关于“王直”的介绍，原文如此。——译者注

兴趣。但是与他对立的兵部尚书隐藏了这些记载，并可能烧毁了它们。他宣称这些航海记载是“远非人们亲耳所听，亲眼所见的各种关于奇异事物的欺骗性夸大”——这对冒险旅行无疑是一记耳光。他也贬低远征的结果，争辩说巨额的花费和许多人命换来的是“竹板、葡萄酒、石榴、鸵鸟蛋和其他奇奇怪怪的东西”。

中国有着很长的冒险旅行的传统，从丝绸之路的商人到官员，再到佛教朝圣者，以及郑和与他的同伴。但是这个传统中断了，直到数个世纪之后，中国才试着向遥远的地方派遣人员。

新的欧洲路线

在中国决定停止远征探险之前，欧洲就已经开始探索全新的旅行路线，前往大西洋和非洲南部。就像我们看到的，偶尔依然会有人穿过中东前往更远的地方。但是蒙古和平时期结束之后，新的富有开拓精神的人，
170 例如葡萄牙的统治者，以及寻找不经过阿拉伯领土与亚洲联系的路线的欲望，都推动着欧洲旅行进行完全的革新。“十字军精神”也起了作用：严格意义上的“十字军”已经结束，但是宗教狂热和对于冒险的渴望，催生了新型的对外交流方式；同样这也可以解释西班牙和葡萄牙在征服了穆斯林之后的情况。

当然，上述的这些因素与中国结束探险远征毫无联系。而朝向大西洋的最初的探险，不是明确地指向亚洲（虽然有些是的）。但是中国的决定的确为欧洲消除了一个潜在的印度洋上的竞争对手。在15世纪时印度洋开始越来越多地吸引欧洲人前去探险。

就像中国的远征一样，甚至更多地，欧洲对于海洋的新探索由新科技刺激而生，如——罗盘和其他导航仪器的使用，对起源于印度洋海域的帆的改造，火药的使用——都是从亚洲传入的。但是欧洲人改进了这些设备——例如使用火药的大炮——并且将他们组合，从而产生前所未有的效果。其的影响不局限于旅行，但是这再一次显示了在15世纪，旅行的深度和广度是如何被转变的。

欧洲人之前就深入大西洋进行过旅行。其中最值得注意的就是前往冰岛、格陵兰，最后在美洲短暂停留的斯堪的纳维亚人。但是他们没有留下文字记录，而他们远航的知识也没有传播到南部的欧洲各中心。商人一直在从地中海到不列颠的欧洲的大西洋海岸旁航行。1319 年威尼斯人开始派出他们所称的佛兰德斯帆船（Flanders galleys），在他们的城市和北海之间做定期航行。这件事虽然意义深远，但是依然是有限的旅行，通常都紧紧沿着大西洋海岸航行。因此一群冒险家和政府官员做出决定，要更为系统地探索这片广大的海洋，建立他们自己的贸易路线，而非依赖于北非和中亚的中间团体。这在 14 世纪和 15 世纪事实上成为了全欧洲的努力方向。

第一次有名的旅行是由韦瓦第兄弟（brothers Vivaldi）在 1291 年离开热那亚，“通过海洋前往印度地区”——这就是两个世纪后哥伦布的期望。但是他们没有能够适应大西洋水域的船只，之后就再也没有人听说过他们了。

在数十年之后，远征抵达了加那利群岛。在1341 年，虽然不是第一次，出现了一次大型探索，但是热那亚、葡萄牙和西班牙共同探索了群岛中的许多岛屿。14 世纪 50 年代，定期航行把欧洲和非洲同这些岛屿联系在了 171
一起。欧洲人作为传教士，同时身兼商人和蔗糖种植园的组织者身份。被捉来的非洲人则成为在种植园里工作的奴隶。这样的动机以及由此而来的改进过的地图，导致了通往亚速尔群岛的旅行和联系。

到 15 世纪，受到这样的探索的刺激，同时在加那利群岛上找到黄金的初衷变为泡影，葡萄牙冒险家开始沿着大西洋的非洲海岸向南航行，慢慢地走得更远。15 世纪 70 年代，探险队已经绕过了北非，伸入大西洋，与撒哈拉以南非洲海岸的民族和他们的领袖建立了全面联系。而刚果和贝宁所产生的互动，就像我们已经看到的那样，导致了新的、非洲前往欧洲的旅行。

15 世纪 70 和 80 年代，借着在加那利群岛和其他地方成功的余威，各种组织都开始进入大西洋，寻找其他岛屿或是利益。在这个大背景下，从英、法出发进入大西洋的旅行开始增多。从英国城市布里斯托和冰岛出发的旅行，随同贸易一起扩张。但是布里斯托人也明确地进行探索，希望找到他们所称的“巴西”。这些远航都被贴上了“探索、发现”的标签。葡萄牙人也派出了其他的探险队。他们野心勃勃却又虚幻的目标是“接管所有他们可能发现的岛屿”。爱好冒险的欧洲人向新的地平线出发，希望能够有更多的发现。

15 世纪 90 年代，旅行在之前的基础上，被拓展得更远。哥伦布把加那利群岛作为他寻找印度旅程的出发点。他认为他仅仅要向大洋深处推进一点点，因为大西洋仅仅是分隔了出发点和亚洲的狭窄水道。他错得离谱，并且需要航行 32 天，远远超过了他的预计。最后他到达的地点也并不是他所认为的印度。瓦斯科·达伽马在 1497 年到 1499 年间进行了另一场基于非洲海岸探索的开创性旅行。这一次他抵达了好望角，然后绕过好望角到达了印度。他在 1502 年回归，用他的大炮和暴力展示了欧洲的实力。印度和葡萄牙之间立刻就建立定期旅行——早在 1504 年间，一年就有 5 次旅行——这使得欧洲能以相对低廉的成本进口大量香料。

显然，哥伦布和达伽马激励人们进行更远的旅行。在 16 世纪早期，西班牙前往美洲的船只数量成倍增长。之后不久西班牙就开辟了穿过太平洋直达菲律宾和亚洲其他部分的航线。令人惊异的是，在达伽马航行后不久——精确地说是 1509 年，可以说是一场旅行大爆炸——葡萄牙人绕过印度航行至马来西亚，然后抵达了印度尼西亚和中国两地。于是，欧洲人重新发现了前往中国的伟大远征的路线，但是这次是从另一个方向航行，并且有着长久的影响。

172 1520 年，似乎是要达到这持续了一个世纪之久的扩张行动的巅峰，西班牙探险家麦哲伦和他的船员，发起了第一次真正意义上的环球航行。他们从大西洋绕过了南美洲的尖端，前往菲律宾（在那里麦哲伦为菲律宾人所杀）。船员们在新的船长的领导下继续远航，穿过印度洋回到西班牙。旅行者们终于完成了最长的行程。

结论：新的地平线

旅行在16世纪剩下的时间中继续繁荣。穿过大西洋和太平洋的定期旅行越来越多。俄国的远征不仅抵达中亚，而且更深入到东北亚。俄国和大英帝国间有定期的航运。由欧洲支持的非洲和美洲之间的交换，以及美洲内部地区的交换也达到了新的水平。

即使是在16世纪之后，新的接触机会和奇思妙想依然存在。17世纪，事实上，特别是在1638年前后，英国科学家和宗教领袖（很快大众也加入其中），开始讨论月球上存在生命的可能性。这种猜想并不是全新的，但是现在他们开始涉及这些月球上的原住民能否被纳入基督宗教体系。更重要的是，这种讨论产生了星际旅行的想法，想象地球和月球的居民保持定期的联系。数份幻想性的叙述描绘了前往月球的旅行。其主角有被旋风刮上天的水手，或是一位高尚的绅士，一位名为曼尼普斯的人。他在身上装了翅膀，然后一跃“直接进入了天堂”，最后从月球的表面看地球。一个旅行扩张的时代也表现为一个想入非非的时代：依然存在能够拓展人类能力极限的远航。

延伸阅读

引文选自以下作品：

Louise Levathes, *When China Ruled the Seas: The Treasure Fleet of the Dragon Throne, 1405–33*（New York: Simon & Schuster, 1994）

穆斯林的旅行

Natalie Zeman Davis, *Trickster Travels: A Sixteenth-Century Muslim between Worlds*（New York: Hill and Wang, 2006）

173 **俄国人的旅行**

George P. Majeska, *Russian Travelers to Constantinople in the Fourteenth and Fifteenth Centuries*（Washington, D. c.: Dumbarton Oaks, 1984）

非洲人的旅行

Edward William Bovill, *The Golden Trade of the Moors*：*West African Kingdoms in the Fourteenth* Century（Oxford: Oxford University Press, 1958; reprint, Princeton, N. J.: Markus Wiener, 1995）

David Northrup, *Africa's Discovery of Europe 1450–1850*（New York and Oxford: Oxford University Press, 2002）

中国人的旅行

Edward L. Dreyer, *Zheng He: China and the Oceans in the Early Ming Dynasty, 1405–1433*（New York: Parson Longman, 2006）

J. J. L. Duyvendak, *China's Discovery of Africa*（London: Probsthain, 1949）

Louise Levathes, *When China Ruled the Seas: The Treasure Fleet of the Dragon Throne, 1405–33*（New York: Simon & Schuster, 1994）

欧洲人的旅行

Felipe Fernandez-Armesto, *Before Columbus: Exploration and Colonization from the Mediterranean to the Atlantic, 1229–1492*（London: Macmillan, 1987; reprint, Philadelphia, Penn.: University of Pennsylvnia Press, 1994）

William D. Phillips and Carla Rahn Phillips,*The Worlds of Chrestopher Columbus*（Cambridge: Cambridge University Press, 1992）

Francis M.Rogers, *The Quest for Eastern Christians: Travels and Rumor in the Age of the Renaissance*（Minneapolis, Minn.: University of Minnesota

Press, 1962）

Joan-Paul Rubies, *Travel and Ethnology in the Renaissance: South India through European Eyes, 1250–1625*（Cambridge and New York: Cambridge University Press, 2000）

Peter Russell, *Prince Henry 'the Navigator': A Life*（New Haven, Conn.: Yale University Press, 2000）

Sanjay Subrahmanyam, *The Career and Legend of Vasco da Gama*（Cambridge: Cambridge University Press, 1997）

星际旅行

David Cressy, 'Early Modern Space Travel and the English Man in the Moon,' *American Historical Review* 111.4（October 2006）: 960–82

原始资料

J. M. Cohen, ed., *Christopher Columbus: The Four Voyages*（London and New York: Penguin Books, 1969）

C. R. Crone, ed. and trans. *The Voyages of Cadamosto*（London: Hakluyt 174
Society, 1937; reprint, Nendeln / Liechtenstein: Kraus Reprint, 1967）

Nehemia Levzion and J. F. P. Hopkins, eds., *Corpus of Early Arabic Sources for West African History*, trans. J. F. P. Hopkins（Cambridge: Cambridge University Press, 1981; reprint, Princeton, N. J.: Markus Wiener, 2000）

R. H. Major, ed., *India in the Fifteenth Century*（1857; reprint, New Delhi: Asian Educational Service, 1992）

Peter C. Mancall, ed., *Travel Narratives from the Age of Discovery: An Anthology*（Oxford and New York: Oxford Univeristy Press, 2006）

J. V. G. Mills, ed., *Ying-Yai Shang-Lan: The Overall Survey of the Ocean's Shores [1433]*, trans. Feng Ch'eng-chun（Cambidge: Cambridge University Press, 1970）

Antonio Pigafetta, *The First Voyage Around the World: An Account of Magellan's Expedition*, ed. Theodore J. Catchey（New York: Marsillio, 1995）

E. G. Ravenstein, trans., *A Journal of the First Voyage of Vasco da Gama, 1497–1499*（London: Hakluyt Society, 1898; reprint, New York: Burt Franklin, n.d.）

第十章

结 语

在世界历史之中，旅行的重要性显而易见。早期的旅行者——有些人我们知道，但是更多人我们只有模糊的猜测——帮助建立地区之间的联系，产生了明显的文化、商业和科技影响。他们的旅行推动各个社会互相取长补短。他们鼓励各自的社会建立与其他国家的定期互动，建立有组织的贸易网络，或是进行定期的留学生交换，以及帝国或是朝贡系统的扩张。虽然相对来说我们不能很容易地就确定个人远航的结果，但是其长远的效果则清晰可见。 175

当旅行附带催生出了正式的旅行文学时，其结果则更加显著。激发旅行者的有个人野心、虔敬、好奇、贪婪，或是以上因素的混合。他们的游记则刺激了其他人，或是帮助其他人产生了类似的动机。

毫不惊讶，特别从古典时代之后，我们看到旅行大规模地增长。整体上来看，旅行经验常常为其他人的旅行提供基础和背景，让他们变得更有雄心。从这个角度上来说，在 15 世纪和 16 世纪早期，旅行虽然在许多方面都有革新，但是还是建立在之前的成就之上。而革新大部分都是为了寻找绕过新出现的障碍的各种道路。举例来说，蒙古帝国的瓦解使得注意力从陆路交通转向海洋。这是为了将早前旅行者已经取得的成果进一步扩大。

旅行的历史当然没有在 16 世纪早期结束。之后还有前往美洲各地、非洲的其他地方，以及太平洋各处的史诗旅行。更多的人投身于环球旅行，新的导航装置和运输科技投入使用，但是这并没有消除旅行的危险性。意外、混乱和海盗在21世纪依然干扰着旅行。

但是毫无疑问，近代旅行因为更有确定性、更频繁而更为重要。近代旅行也更遵循固定的路线。旅行曾经在早期人类社会中发挥了建立
176 联系这个重要的功能。当时旅行中包含的英雄式的冒险主义现在已难以再现——其实是因为开拓性的旅行已经完成了。近代旅行家中能够与伊本·白图泰、马可·波罗或玄奘比肩的寥寥无几。

所以，是不是可以提出这样的疑问，来更加精确地评估旅行及其结果的变化和连续性：现在占主导地位的精神是什么呢？今后的伊本·贾巴尔和义净将会把他们的能量导向何方？当今时代旅行的特征是喧闹和高速，其中又有多少冒险精神流传了下来呢？

延伸阅读

一般内容

David Buisseret, ed.,*The Oxford Companion to World Exploration*, 2 vols.（Oxford and New York: Oxford Univeristy Press, 2006）

Robin Hanbury-Tenison, ed., *The Oxford Book of Exploration*（Oxford and New York: Oxford University Press, 1994）

Peter Hulme and Tim Youngs，eds, *The Cambridge Companions to Travel Writing*（Cambridge and New York: Cambridge University Press, 2002）

前近代路线上的现代旅行

Richard Bernsten, *Ultimate Journey: Retracing the Path of an Ancient Buddhist Monk Who Crossed Asia in Search of Enlightenment*（New York: Alfred A. Knopf, 2001）

Mildred Cable, with Francesca French,*The Gobi Desert*（New York: Macmillan, 1944）

Jason Elliot, *An Unexpected Light: Travels in Afghanistan* (New York: Picador, 1999)

Eleanor Holgate Lattimore, *Turkestan Reunion* (1943; reprint, New York and Tokyo: Kodansha, 1994)

Owen Lattimore, *The Desert Road to Turkestan* (Boston, Mass.: Little Brown, 1929; paperback ed., New York and Tokyo: Kodansha, 1995)

Tim Mackintosh-Smith, *Travels with a Tangerine: A Journey in the Footsteps of Ibn Battutah* (New York: Welcome Rain, 2001)

Tony Perrottet, *Route 66 AD: On the Trail of Ancient Roman Tourists* (New York: Random House, 2002)

John Prevas, *Xenophon's March into the Lair of the Persian Lion* (Cambridge, Mass.: Da Capo Press, 2002)

Tim Severin, *The Jason Voyage: The Quest for the Golden Fleece* (New York: Simon & Schuster, 1986)

——, *The Ulysses Voyage: Sea Search for the Odyssey* (London: Hutchinson, 1988)

Sun Shuyun, *Ten Thousand Miles without a Cloud* (London: Harper Collins, 2003)

Freya Stark, *Alexander's Path* (London: John Murray, 1958; reprint, Woodstock, N. Y.: Overlook Press, 1988)

Aurel Stein, *On Central Asian Tracks* (London: Macmillan, 1933) 177

Arnold J. Toynbee, *Between Oxus and Jumna* (New York and London: Oxford University Press, 1961)

Alan Villiers, *Sons of Sinbad* (1940; reprint, New York: Clarles Scribner's Sons, 1969)

Susan Whitfield, *Aurel Stein on the Silk Road* (Chicago: Serindia, 2004)

Michael Wood, *In the Footsteps of Alexander the Great: A Journey from Greece to Asia* (Berkeley, Cal.: University of California Press, 1997)

小 说

Italo Calvino, *Invisible Cities,* trans. William Wearver（1972; San Diego and New York: Harcourt Brace, 1974）（on Marco Polo）.

Naguib Mahfouz, *The Journey of Ibn Fattouma*, trans. Denys Johnson-Davies（Cairo: American University in Cairo Press, 1992; reprint, New York: Doubleday, 1992）（on Ibn Battuta）

Michael Ondaatje, *The English Patient*（New York: Vintage Books, 1992）（on Herodotus）

Mary Renault, *The Persian Boy*（New York: Pantheon Books, 1972）（on Alexander）

Anthony C.Yu, ed. and trans. *The Monkey and the Monk: An Abridgement of the Journey to the West*（Chicago, Ill.:University of Chicago Press, 2006）（on Xuanzang）

现代旅行导读

The *Lonely Planet* guides for individual countries, while not infallible, are sacred texts for backpackers worlawide.

索 引

（索引后的页码为本书边码）

C

G

H

Y

Z

图书在版编目（CIP）数据

世界历史上的前近代旅行 /（美）戈斯，（美）斯特恩斯著；苏圣捷译．
—北京：商务印书馆，2015
（专题文明史译丛）
ISBN 978-7-100-11199-7

Ⅰ．①世… Ⅱ．①戈… ②斯… ③苏… Ⅲ．①旅游－历史－研究－世界 Ⅳ．① F591.9

中国版本图书馆 CIP 数据核字（2015）第 067597 号

（专题文明史译丛）

世界历史上的前近代旅行

〔美〕斯蒂芬·S. 戈斯（Stephen S. Gosch）
〔美〕彼得·N. 斯特恩斯（Peter N. Stearns） 著
苏圣捷 译

商 务 印 书 馆 出 版
（北京王府井大街36号 邮政编码100710）
商 务 印 书 馆 发 行
山东临沂新华印刷物流集团
有 限 责 任 公 司 印 刷
ISBN 978-7-100-11199-7

2015年5月第1版　　开本 640×960　1/16
2015年5月第1次印刷　印张 14

定价：30.00 元